W0064392

FRANZ ALT

WENN LEBEN GELINGT

© 2017 ZS Verlag GmbH
Kaiserstraße 14 b
D-80801 München

ISBN 978-3-89883-699-9
1. Auflage 2017

Projektleitung: Kathrin Ullerich
Lektorat: Swantje Steinbrink
Grafische Gestaltung: Irene Schulz
Herstellung: Frank Jansen
Producing: Jan Russok
Druck & Bindung: CPI books GmbH, Ulm

Die ZS Verlag GmbH ist ein Unternehmen der Edel AG, Hamburg.
www.zsverlag.de | www.facebook.com/zsverlag

FRANZ ALT

WENN LEBEN GELINGT

Eine Anleitung zum
Glücklichsein

Für Bigi
in Liebe und Dankbarkeit

INHALT

Lehrer eines gelingenden Lebens   63

Persönliche Erfahrungen und praktische Tipps   85

Literaturverzeichnis   91

WANN GELINGT LEBEN?

Urvertrauen in ein gelingendes Leben

Als ich im Hochsommer 1938 geboren wurde, herrschte in Deutschland Vorkriegsstimmung. Die Deutschen sangen „Deutschland, Deutschland über alles, über alles in der Welt". Ein wenig vergleichbar mit dem heutigen Trumpismus in den USA: „America first" oder „Make America great again". Bis zu meinem achten Lebensjahr war Krieg. Und was für einer! Sirenengeheul, Bombennächte im Keller, Angst vor Hunger, Sorge um das Leben des Vaters als Soldat. Das Ergebnis: fünfzig Millionen Tote, Europa in Schutt und Asche, Hunderte Millionen geknechtete und gemarterte Seelen, unermessliches körperliches und seelisches Leid. Die Welt war entsetzt über mein Land, das für den ersten industriell organisierten Massenmord in der Menschheitsgeschichte verantwortlich war. Mein Vater geriet bei Remagen am Rhein in amerikanische Kriegsgefangenschaft, meine Mutter war alleinerziehend und betrieb während des Krieges einen Kohlenhandel, sie musste in der Woche 400 Zentner Kohlen und oft mehr schippen.

Was heißt das für uns Heutige? Wir haben 2017, 2018 oder 2019 mit Trump, Erdoğan, Putin und Orbán große Probleme, Unsicherheiten und Ängste, aber als ich 1938 geboren wurde, hatten meine Eltern mit Hitler, Mussolini, Stalin und Franco weit mehr Grund zur Sorge. Und diese Erkenntnis gilt wohl auch für die meisten Leserinnen und Leser dieses Buchs. Stimmt's? 2015/2016 haben wir in Deutschland knapp eine Million Flüchtlinge aufgenommen – und viele Deutsche hielten das für eine Überforderung. Die Nachkriegsgeneration hat in Westdeutschland nach 1945 etwa zwölf Millionen Flüchtlinge aufgenommen und hat es geschafft. Manchmal hilft ein naheliegender historischer Vergleich, um Probleme und Ängste zu relativieren. Und heute? Wir haben seit sechzig Jahren Frieden – ein großes Geschenk. Die Europäische Union – ein Glück für uns Deutsche, die EU, das Friedens-, ein beinahe biblisches Projekt: Noch nie hat ein EU-Land gegen ein anderes einen Krieg geführt.

Ein gelingendes Leben war mir nicht unbedingt in die Wiege gelegt. Dennoch habe ich in meinen ersten Lebensjahren von meiner Mutter etwas ganz Wesentliches gelernt: Urvertrauen ins Leben, Vertrauen in ein gelingendes Leben. Ob es Leben nach dem Tod gibt, weiß letztlich niemand gewiss, aber eines ist sicher: dass es ein Leben vor dem Tod gibt.

Wo Vertrauen wächst,
schwindet die Angst

Vertrauen ist Gewissheit, aber niemals absolute Sicherheit. Diese Gewissheit trägt bis heute, inzwischen acht Jahrzehnte. Ich habe gelernt: Nur wo Vertrauen wächst, schwinden die Angst und die Unsicherheit. Jesus mit seiner vielleicht wichtigsten, atemberaubenden Zusage im Johannes-Evangelium: „Wer vertraut, hat ewiges Leben." Oder: „Wer mein Wort hört und dem vertraut, der mich gesandt hat, hat das ewige Leben." Jesus selbst vertraute seinem Herzen und wurde so *der* Anführer zum Leben, zu einem gelingenden Leben.

Wir können die Spirale der Angst durchbrechen. Aber wie? Das Leben bleibt ein Lernprozess, bis zum letzten Atemzug. Jeder Tag bietet die Chance für einen Neuanfang. Und jeder Neuanfang kann Wunder bewirken. Meine wichtigste Erkenntnis beim Pilgern in Norwegen vor einigen Jahren war: Es geht viel mehr, als ich mir vorher zugetraut hatte – körperlich, seelisch und geistig. Im Idealfall ist unser Leben eine einzige große und immer wieder überraschende Entdeckungs- und Pilgerreise.

Sollte mir zum Beispiel noch jemand wissenschaftlich nachweisen, dass die zehn bis zwanzig Milliarden Sonnensysteme im Kosmos ohne einen Schöpfer derselben funktionieren können, so bin ich gerne bereit, ihm zu folgen. Bis jetzt allerdings überzeugt mich weit eher

Einsteins These, wonach Gott nicht würfelt. Die Wirk-kraft einer kosmisch-geistigen Intelligenz, die wir Gott nennen, scheint mir überzeugender als der reine evolutionäre Zufall.

Ich habe in meinem Leben in vielen Ländern suchende Menschen getroffen, die nicht an Gott glauben, ihn aber vermissen. Religion ist mehr als eine sonntägliche Luxusbeschäftigung, Religion bedeutet für mich eine tagtägliche Rückverbindung an etwas, das größer ist als wir selbst. Religion ist etwas, das trägt, wenn wir uns selbst nicht mehr tragen oder ertragen können. Religion ist, wenn sich beim Meditieren über Tod und Sterben das Gefühl einstellt, dass alles gut wird. Oder, wie es mein Freund, der Benediktinermönch Fidelis Ruppert, sagt: Religion ist auch, beim Älterwerden weiterzuwachsen.

Der Nobelpreisträger Max Planck war, nachdem er ein Leben lang über die Materie nüchtern geforscht hatte, der Überzeugung, dass es gar keine Materie gibt:

„Dieser Geist ist der Urgrund aller Materie ... die Materie bestünde ohne den Geist überhaupt nicht ... der unsichtbare, unsterbliche Geist ist das Wahre. Da es aber Geist an sich nicht geben kann und jeder Geist einem Wesen zugehört, so müssen wir zwingend Geistwesen annehmen. Da aber auch Geistwesen nicht aus sich sein können, sondern geschaffen worden sein müssen, so scheue ich mich nicht, diesen geheimnisvollen Schöpfer ebenso zu nennen, wie ihn alle alten Kulturvölker der Erde früherer Jahrtausende genannt haben – Gott!"

Auch der Träger des Alternativen Nobelpreises, Heisenberg-Schüler und Direktor des Max-Planck-Instituts, Professor Hans-Peter Dürr, hatte am Schluss seines Lebens die Gewissheit: „Es gibt keine Materie, alles ist Geist." Als ich ihn kurz vor seinem Tod auf der Akropolis in Athen darauf ansprach, sagte er lachend: „Was wir Materie nennen, ist lediglich geronnener Geist." Das Johannes-Evangelium meint dazu ganz schlicht: „Gott ist Geist." Und dieser weht bekanntlich, wo er will und wie er will. Dürr verglich seine Erkenntnisse mit den Traditionen der Mystik und erkannte: „Die Grenzen des Denkens verlaufen an der Oberfläche – in der Tiefe ist *alles Leben eins*."

Was ist also, wenn Leben gelingt? Wie geht das? „Wenn wir gut zu sterben wünschen, müssen wir lernen, gut zu leben", sagt der Dalai Lama. Für Goethe war sein Leben ein Gesamtkunstwerk. Das ist es auch für jede Leserin und für jeden Leser dieses Buchs: teils gelungen, teils weniger gelungen. Aber jede und jeder zieht aus, um das Leben zu lernen – ein möglichst gelingendes Leben. Alles ist offen: Das Leben ist ein Bemühen, eine Entwicklung, kein Abschluss. Und manchmal braucht man sogar Pech, um Glück zu haben. Der Blick freilich auf das unweigerlich bevorstehende Ende bleibt niemandem erspart.

Von tausend Menschen sterben tausend. Schon deshalb gehört zum achtsamen Leben die tägliche Erinnerung an den Tod. So kann man ins Alter hineinwachsen und in den Tod hinüberreifen. Wir können älter werden und geistig weiterwachsen. Ein arabisches Sprichwort meint sogar: „Die Menschen schlafen, solange sie leben. Erst wenn sie sterben, erwachen sie." Der Tod ist eine wichtige Erfindung des Lebens – die Voraussetzung dafür, dass notwendige Transformationen stattfinden können. Der Tod räumt das Alte weg, um dem Neuen Platz zu machen.

Im Alter den Helden spielen zu wollen, nutzt nichts und ist ziemlich lächerlich. Denn die Arztbesuche häufen sich, die Schrauben werden lockerer und auch der Geist wird schneller müde und wackelig. Den Weg, den wir gehen, gehen alle, aber das Ende des Weges laufen wir alle zum ersten Mal und ganz allein.

Was trägt noch?

Wie aber soll ein Leben in Zeiten großer Unsicherheiten gelingen? In Zeiten, in denen sich viele Menschen abgehängt fühlen, in denen sie in prekären Arbeitsverhältnissen tätig sind, politische Instabilität und schwindende persönliche Bindungen erfahren, von schlechten Nachrichten überhäuft werden, die alte Religion sie nicht mehr erreicht, „neue" Werte aber nicht erkennbar sind, in denen sie ihre Kinder und diese ihre Eltern oft nicht mehr verstehen? Dazu noch Meldungen über sich verstärkende Umweltkatastrophen, über Kriege, Terror, Hungersnöte und Flüchtlingsströme, die die Unsicherheit noch vermehren. Was trägt noch in dieser stürmischen Epoche? Die Tiefenpsychologie lehrt uns, dass die Angst zum Leben gehört. Also: keine Angst vor der Angst. Die Angst ist ein in uns eingebautes Gottesgeschenk, das uns einen realistisch-ganzheitlichen Blick auf die Lage um uns ermöglicht. Die Frage lautet: Wie berechtigt ist die Angst? Und wie können wir mit der Angst so arbeiten, dass wir sie überwinden?

Aber auch: Wie glaubwürdig sind Hoffnungsversprechen in solchen Krisenzeiten? Eindimensionale ökonomische oder parteipolitische Lösungen sind zu schnell als unrealistisch durchschaut. Was also hilft jetzt wirklich? Und was macht noch echt Sinn?

Ein gelingendes Leben ist für mich ein menschenfreundliches Leben – vom Anfang bis zum Ende. Ein menschenfreundliches Leben ist sicher keine neue Idee, aber vielleicht gerade nach den Zeiten großer Heilsversprechen und Ideologien wie Kommunismus, Kapitalismus oder neoliberale Marktwirtschaft, ewiges Wirtschaftswachstum und Erlösung durch Technologien eine hilfreiche Anregung. All diese genannten Ideologien haben uns nicht glücklicher und auch kaum zufriedener gemacht. Um 1950 herum waren die Deutschen bei Umfragen sogar etwas glücklicher als 2017. Zu einem gelingenden Leben gehören zwar auch materielle Güter, doch diese werden meist überschätzt – sonst müssten die materiell Reichen glücklicher sein. Wichtiger als materielle Gleichheit ist Chancengleichheit. Welche Chancen hat ein Mensch, sich zu verwirklichen? Hat er Chancen auf Bildung, auf Arbeit, auf ein gesundes Leben?

Ein gelingendes Leben ist auch stets ein selbstkritisches Leben. Und Selbstkritik ist das Ergebnis von Selbstbewusstsein und Demut gleichermaßen. Diese Balance ist nicht immer leicht zu halten. Als Jesus-Schüler weiß ich einerseits, dass ich zu Großem berufen bin – noblesse oblige, der Adel der Gotteskindschaft verpflichtet –, und andererseits, dass ich dieser Berufung nur in Demut gerecht werden kann. Der US-Essayist und Naturforscher Henry David Thoreau:

„Was vor uns liegt
und was hinter uns liegt,
ist nichts im Vergleich
zu dem, was in uns liegt.
Und wenn wir das,
was in uns liegt,
nach außen in die
Welt tragen,
geschehen Wunder."

Was liegt denn in uns, liebe Leserin und lieber Leser? Die Antwort gibt in glasklarer Art und Weise das Grundgesetz der Bundesrepublik Deutschland. Dieses Grundgesetz startet mit dem überraschenden und sensationellen Paukenschlag, dem Artikel 1: „Die Würde des Menschen ist unantastbar. Sie zu achten und zu schützen, ist Verpflichtung aller staatlichen Gewalt." Niemand kann uns diesen kostbaren, würdevollen Satz und Schatz von der Würde des Menschen nehmen. Allein für diesen Artikel lohnt aller Kampf für unser Grundgesetz. Jeder von uns geht im Leben Umwege und Irrwege, aber entscheidend ist immer, dass wir dem Ziel näher kommen. Dabei hilft uns das Bewusstsein um die Würde und die Güte in uns. In unserer deutschen Sprache sind die Güte und das Göttliche miteinander verwandt.

Wie gelangen wir zur Glückseligkeit?

Eudaimonia (Glückseligkeit bei Platon, Aristoteles und Jesus) sowie beatitudo und vita beata (Seneca) nannten antike Denker das erfüllte, glückliche, gute, das gelingende Leben. Die Eudaimonie verstand unter einem glückseligen Leben ein Leben in Übereinstimmung mit der Natur. Jesu Bergpredigt, in der er die Friedensstifter, die Gerechten, aber auch die Trauernden „glückselig" pries, war die Harmonie der Vernunft mit dem Herzen, die Basis der Glückseligkeit. Die Güte des Herzens ist das einzig wirklich Gute, das einzige Übel die moralische Schlechtigkeit. Jesus zufolge haben die Glückseligen das ganz große Los für die Ewigkeit gezogen. Deshalb werden sie selig vor Glück sein. Innere Harmonie, Freude und Heiterkeit sind ihre Wesensmerkmale. Glücklich ist, wem die Vernunft den Gesamtzustand seiner Verhältnisse als angenehm erscheinen lässt. Glücklich ist, wem die Harmonie seiner Seele das höchste Gut ist.

Gesellschaftlich und politisch heißt das: Es gilt nicht das Recht des Stärkeren, sondern die Stärke des Rechts. Auch geht es nicht um Gleichmacherei, sondern um den Abbau allzu großer Ungleichheiten. Denn in Gesellschaften mit weniger sozialer Ungleichheit – wie in den skandinavischen Ländern – sind Menschen glücklicher als in Ländern mit großen sozialen Unterschieden.

Kein Fortschritt ohne Kampf

Ohne Ärger und Kampf gab es in der Menschheitsgeschichte noch nie Fortschritt. Das war so bei der Abschaffung der Sklaverei, beim Kampf um die Demokratie und um Frauenrechte ebenso wie bei der Abschaffung der schrecklichsten Atomwaffen nach dem Ende des Kalten Krieges und beim überfälligen deutschen Atomausstieg.

Leben ist zunächst ein Geschenk, wenngleich schon beim Durchschlüpfen des engen Geburtskanals ein hart erarbeitetes. Keiner und keine von uns hat sich selbst erschaffen. Und auch nach der Geburt ist das Leben alles andere als eine Hängematte, es ist eine Entwicklung, ein Prozess, ja, es ist Arbeit.

Dass das Leben kein fertiges Sein, sondern ständiges Werden ist, das allein macht die ganze Sache kompliziert. Nichts geht von selbst – bis hin zu einem gelingenden Alter. Jeder wird älter, und heute, im 80. Lebensjahr, bin ich davon überzeugt, dass man mit dem Altwerden gar nicht früh genug anfangen kann – schon gar nicht, wenn man mit dem Familiennamen „Alt" zur Welt kam. Aber genauso gilt: Solange ich schreiben und Vorträge halten kann, so lange bleibt das Älterwerden spannend. Was danach kommt, weiß ich nicht.

Alter war schon immer relativ. Noch vor 200 Jahren wurden unsere Vorfahren im Schnitt um die 40 Jahre alt, vor 120 Jahren wurden sie 45, das derzeitige Durchschnittsalter der Deutschen liegt bei 83 Jahren, die heute Geborenen können 100 werden und in Zukunft werden die Menschen nach Meinung einiger Biologen 120 oder sogar 150 Jahre alt. Darauf sei unsere innere Uhr programmiert, wenn wir gesund leben. Neulich las ich in der ZEIT: „Älter als 125 Jahre können wir nicht werden, behaupten Forscher." In Somalia wurde mir allerdings schon vor 35 Jahren ein Mann vorgestellt, der 139 gewesen sein soll. Bis hierher und nicht weiter? Zumindest mussten bislang alle Vorhersagen über eine biologische Altersgrenze revidiert werden.

Die Frage ist daher nicht, wie alt wir werden, sondern, wie wir mit dem Älterwerden klarkommen und wie wir es nutzen. Selbst im Alter wird niemand einfach „von selbst" weise. Deshalb schreibe ich in diesem Buch auch nicht von Konzepten, eher von Rezepten. Patentrezepte jedoch habe ich bestimmt nicht anzubieten. Vielmehr möchte ich Mut machen, sich auf die Suche nach einem gelingenden Leben zu begeben. Und als politischer Journalist will ich zusammen mit Ihnen Antworten auf zentrale Fragen unserer Zeit finden, auch wenn mir bewusst ist, dass jede und jeder von Ihnen unter einem gelingenden Leben etwas anderes versteht. Doch wer von Ihnen kein gelingendes Leben will, der hebe die Hand und lege das Buch gleich wieder weg.

Trotzdem Ja zum Leben sagen

Vor lauter Krise vergessen wir oft die Chancen, die die Natur uns bietet. Unsere Angst und die Unsicherheit lähmen uns – das heißt: Wir lassen uns lähmen. Es kann uns aber auch gelingen, Angst in produktiven Fortschritt zu transformieren. Wir haben überhaupt keinen Grund, den Kopf in den Sand zu stecken und uns vor lauter Angst und Unsicherheit zu verkriechen. Die Welt ist voller Chancen. Lange haben wir gegen die Natur gewirtschaftet, wir können aber auch lernen, mit der Natur zu leben, zu arbeiten und zu wirtschaften. Und das gilt nicht nur für die Wirtschaft, sondern auch für unser persönliches Leben. Heute früh erst las ich die Geschichte eines prominenten Deutschen, der schon kurz vor dem Selbstmord gestanden hatte: Er gab sich aber noch hundert Tage, um vielleicht doch noch einen Ausweg zu finden. Er hatte eine Familie, ein Haus, einen interessanten Beruf. Sein Vater war Bundeskanzler gewesen. Es war die Geschichte von Helmut Kohls ältestem Sohn Walter. Dieser Mann in der Mitte seines Lebens war todunglücklich. Doch dann stieß er bei einer Zeitungslektüre zufällig auf den Buchtitel des Psychologen und Auschwitz-Überlebenden Viktor E. Frankl „… trotzdem Ja zum Leben sagen". Der österreichische Arzt wurde von den Schergen Hitlers mehrere Jahre lang in Konzentrationslagern gequält. Auch er wollte sich manches Mal das Leben nehmen – bis er begann, sich vorzustellen, welche Vorlesungen er seinen Studenten nach seiner Befreiung zum Thema „Freiheit" halten würde. Das gab ihm neue Lebenskraft. Er überlebte und schrieb seinen Bestseller, der wiederum anderen Menschen Lebensmut vermittelte. Auch der Kanzlersohn schrieb über die Erfahrung, die ihm in seiner größten Krise neuen Mut schenkte, einen Bestseller und doziert heute vor Managern, die ihrerseits in Lebenskrisen stecken.

Sinn und inneren Frieden, sagt Walter Kohl heute seinen Zuhörern, fänden wir, wenn wir mit unserer Biografie ins Reine kommen, sei es nach einer Scheidung, einer zerbrochenen Freundschaft oder auch nach dem Tod eines geliebten Menschen. Es gehe um die Fähigkeit, Kraftfresser in neue Kraftquellen zu verwandeln und damit die Grundlage für mehr Lebensfreude und Erfolge zu schaffen. Er plädiert dafür, dass jeder Mensch drei Freundschaften haben sollte: „Erstens die Freundschaft mit sich selbst ... Zweitens, darauf aufbauend, die Freundschaft mit anderen Menschen. Und drittens, was ich die Freundschaft mit Gott nenne – oder für alle, die kein Verhältnis zu Gott haben, die Freundschaft mit der eigenen Spiritualität. Ich denke, dass diese drei Freundschaften die Grundlage für Lebenssinn und Souveränität bilden." Wahrscheinlich ist Kohls erster Vorschlag der schwierigste: Freundschaft mit sich selbst zu schließen, sich den eigenen Ängsten und Schmerzen zu stellen und Mitgefühl für sich selbst zu entwickeln.

Der Sinn unseres Lebens ist vor allem der, den wir ihm geben. Auch in schwierigen Situationen. Viktor Frankl hat selbst im Konzentrationslager – wie so viele andere KZ-Insassen auch – Haltung bewahrt und sich für andere, in seinem Fall für die Studenten, verantwortlich gefühlt. Kaum jemand hat den Wert der Freiheit und des Lebens so anrührend und authentisch beschrieben wie der bekannte Psychotherapeut in seinen Büchern. Er hat im Konzentrationslager in einer tiefen Krise über sich und seine Studenten, über Hunderttausende seiner Leserinnen und Leser, über Walter Kohl und die ihm zuhörenden Manager bis heute ein Schneeballsystem des Guten, eine Lawine für das Positive, losgetreten. Dieser Geist der Ermutigung weht wirklich, wo er will und für wen er will – und er ist in Zukunft stärker als die ganze Hitlerei in der Vergangenheit.

Jeder von uns ist nicht nur ein individuelles Wesen, sondern auch ein soziales. Das heißt: Wir haben immer auch Verantwortung für andere. Die meisten Menschen empfinden unsere Zeit als eine Zeit der Krisen. Aber in welchen Zeiten könnten wir mehr wachsen und uns entwickeln als in solchen? Ohne Krisen und Leiden kein wachsendes Bewusstsein. Es gibt zwei Kategorien von Menschen: jene, die diesen inneren Zusammenhang verstehen, und alle Übrigen.

Insofern ist die Frage „Schaffen es die Politiker, die Probleme unserer Zeit zu lösen?“ grundsätzlich falsch gestellt. Denn die eigentliche Frage muss lauten: Schaffen *wir* es? Auch wir können den Wandel vorantreiben. Dafür haben wir heute weit bessere und effizientere Instrumente als je zuvor. Nutzen wir also das Beste, das uns geschenkt wurde: unser Hirn. Denn gerade weil wir im gefährlichen Atomzeitalter leben, müssen wir lernen, den Frieden und mehr Gerechtigkeit zu organisieren. Das 21. Jahrhundert kann noch immer ein Jahrhundert des humanen Fortschritts, größerer Achtsamkeit und friedlicher Entwicklung werden. Wir Menschen gestalten Geschichte.

Der große Philosoph und Naturwissenschaftler Carl Friedrich von Weizsäcker erteilte mir in einer Fernsehsendung vor einem Millionenpublikum einst folgende Lehre: „Wie können wir noch die Gefahr der atomaren Vernichtung durch atomares Wettrüsten abwenden?", hatte ich ihn gefragt. Seine Antwort: „Eigentlich ganz einfach. Wenn *ein* Mensch in einem Jahr *einen* anderen für die Abrüstung gewinnt, dann sind es nach einem Jahr schon zwei. Wenn diese zwei im folgenden Jahr zwei weitere gewinnen, dann sind es schon vier, im dritten Jahr sind es acht, nach zehn Jahren tausend, nach zwanzig Jahren eine Million und nach dreißig Jahren eine Milliarde. Das ist vielleicht die Gnadenfrist, die wir noch haben. Das reicht für eine Welt, in der dann nicht weiter auf-, sondern abgerüstet wird."

Übrigens dauerte es gar nicht so lange – denn schon zehn Jahre nach diesem Gespräch waren über 80 Prozent der Atomsprengköpfe vernichtet. Und Michail Gorbatschow sagte mir später: „Ohne die Friedensbewegung in Ost und West hätte ich mich gegenüber den Hardlinern im Kreml mit meiner Politik der atomaren Abrüstung nicht durchsetzen können."

Ist jeder seines eigenen Glückes Schmied?

Vielleicht ist jeder seines eigenen Glückes Schmied. Aber nicht jeder Schmied ist glücklich. Zum Glück gehört auch Glück. Wer aber ein Leben lang dem Glück nachjagt, wird es kaum finden. Zwar müssen wir zum Glück auch gar nicht immer glücklich sein, doch wir sollten an unserem Glück und am Glück anderer arbeiten. Denn es ist wissenschaftlich längst bewiesen, dass Glücklichsein vor Depressionen schützt, vor Herzinfarkt, Diabetes und Infekten. Klar ist auch, dass zu viel Stress unglücklich macht und dass Unglück wiederum zu Stress führt. Aber auf Dauer glücklich sein – das wäre der Tod. Und dieser Zustand wäre gar nicht paradiesisch. Dass das Buch „Anleitung zum Unglücklichsein" des Wiener Psychiaters Paul Watzlawick vor dreißig Jahren ein Millionen-Bestseller im deutschsprachigen Raum werden konnte, sagt viel über unsere psychische Befindlichkeit. Offenbar braucht die deutsche Seele die Droge Unglück.

Als ich geboren wurde, gab es in meinem Elternhaus weder Fernseher noch Waschmaschine, weder Tiefkühlkost noch Last-minute-Buchungen, weder Computer noch Handys, wenige Glaubenszweifel, aber ein wenig blindes Vertrauen in „den Führer". Der Vater meiner Mutter, ein Eisenbahner, war gestorben, als sie drei Jahre alt gewesen war. Ihre Mutter, die neben ihrer Tochter noch drei Söhne hatte, war nun Bäuerin und alleinerziehend. Mein Vater war Maurer wie sein Vater. Und auch seine Mutter war Bäuerin. Meine Eltern und Großeltern lebten und arbeiteten in den badischen Nachbardörfern Untergrombach und Obergrombach. Zwischen den beiden Dörfern gibt es den 170 Meter hohen Michaelsberg – und es war schon eine auffällige Ausnahme, wenn ein junger Mann aus Untergrombach es wagte, eine junge Frau aus Obergrombach zu heiraten. Diesen Berg hatte ich in meinen ersten 16 Lebensjahren stets im Blick, sobald ich aus dem Fenster meines Zimmers schaute. Meine Jugendwelt war, wenn wir die sieben Jahre des Zweiten Weltkrieges mal kurz vergessen, eine dörflich-badisch-bürgerlich-liberal-katholische Idylle. Doch meine Eltern hatten als Kinder den Ersten Weltkrieg erlebt, ich als Kind den Zweiten. Das prägt. Bewusst und unbewusst.

Zu meinem Elternhaus gehörten ein Garten und eine große Scheune, in der häufig Tabak für die große Tabakfabrik im Dorf getrocknet wurde. Dort, keine hundert Meter von meinem Elternhaus entfernt, arbeiteten um die hundert Frauen. Zur Kirche hatte ich einen Fußweg von vielleicht vier Minuten. Der Dorfpfarrer, damals noch eine selbstverständliche Autorität, war ein schrecklicher Schreihals, der seinen Schäfchen von der großen Kanzel aus ständig ein schlechtes Gewissen einhämmerte und uns die Hölle heißmachte. Er sah aus wie Donald Trump heute und hatte keinerlei Hemmungen, die Schulkinder und uns Ministranten zu schlagen. Schon damals wusste ich, dass dieser Typ nicht viel am Hut haben konnte mit dem friedliebenden Jesus der Bergpredigt.

Wer ein Leben voller Hatz und Hass, voller Zorn und Neid, voller Angst und Gewalt führt, der kann kaum auf einen friedvollen Tod hoffen, nicht mal auf ein friedvolles Alter. Gier, Hass und Verblendung bezeichnet der Dalai Lama als „Geistesgifte". Und wie wir leben, so werden wir wohl auch sterben. Meine Eltern jedenfalls sind beide friedlich und zufrieden gestorben. Für die Kinder ist der Tod der Eltern eine lebenswichtige, möglicherweise sogar eine lebensbestimmende Erfahrung, denn Sterbende sind für uns Lebenden vielleicht die besten Lehrmeister. So lernen wir von ihnen zum Beispiel viel über die Dringlichkeit der Zeit. Allein deshalb, weil wir danach spüren, dass *wir* jetzt die entscheidende Generation in einer langen Ahnenreihe sind, und weil uns womöglich erst jetzt bewusst wird, dass Mutter- und Vatersein die größte Verantwortung ist, die ein Mensch übernehmen kann. Nichts wirkt stärker auf die Kinder als die seelische Entwicklung ihrer Eltern – dies gilt für das gelebte wie das ungelebte Leben der Eltern.

„Zur Persönlichkeit kann niemand erziehen, der sie nicht selbst hat", so Carl Gustav Jung. Selten hat ein Gedanke das Väterliche in mir so getroffen wie diese

Überzeugung des großen Schweizer Tiefenpsychologen. Jenseits aller Debatten über autoritäre oder antiautoritäre Erziehung stellt sich hier die zukunftsentscheidende Frage nach der „Erziehung der Erzieher". Und damit die Frage nach der Erweiterung des Bewusstseins in der zweiten Lebenshälfte – der Basis für ein gelingendes Leben. So zumindest habe ich es selbst erfahren – nach einer typisch männlichen Midlife-Crisis, einer von mir verschuldeten Partnerschaftskrise und in der anschließenden Traumtherapie nach C. G. Jung. Dazu aber später mehr.

Wie wir leben, so werden wir auch sterben? Ja, denn wir können nur ernten, was wir säen. Das ist ein geistiges, ein unabänderliches Gesetz, das uns alle verbindet. Daran hat uns Buddha erinnert und Jesus, aber auch Sokrates und Platon. Worauf kommt es also an im Leben? Hitler und Stalin, Pol Pot und Ceauşescu hatten äußerlich sicher viel mehr Macht als Buddha oder Jesus. Die einen predigten Hass und säten Gewalt. Die anderen warben für Liebe und Versöhnung. Wer ist wohl friedlicher gestorben? Rein rational werden wir den Tod vermutlich nie begreifen. Für viele ist er sogar die Kränkung des Lebens schlechthin, was allerdings auch nicht rational ist. Wenn wir unserem Leben einen Sinn geben wollen, so müssen wir lernen, auch in unserem Tod einen Sinn zu finden. Der Tod ist nun mal das Natürlichste im Leben. Das Leben bleibt immer lebensgefährlich. Den Tod dabei als Realität zu akzeptieren und ihn nicht zu fürchten, ist daher vielleicht der erste Schritt, im Tod einen Sinn zu erkennen.

Das Wissen der Nahtoderfahrenen

Den Lehren der Großen unserer Religions- und Geistesgeschichte zufolge können wir unser Leben jederzeit nutzen, um uns auf einen guten Tod, einen Tod ohne Angst vorzubereiten. Vor allem Jesus hat gelehrt, die Angst vor dem Tod zu überwinden. Und das Besondere daran: Wir können dabei auch lernen, einen tieferen Sinn für unser *Leben* zu finden. Vielleicht sollten wir uns von Zeit zu Zeit fragen, was wäre, wenn wir heute Nacht sterben würden ...

Viele meinen, es sei ganz schrecklich, plötzlich ohne Bankkonto und Kreditkarte, ohne Wohnung, ohne Freunde und Verwandte, ohne Ausweis zu sein. Wahrscheinlich liegt in diesem Gefühl des absoluten Ausgeliefertseins gegenüber dem Fremden und Unbekannten die eigentliche Angst vor dem Tod begründet. Aber fast alle Nahtoderfahrenen – in Deutschland immerhin einige Millionen – sagen uns, dass es nicht den geringsten Grund für diese Angst gibt. Möglicherweise hatte auch Jesus am Kreuz eine Nahtoderfahrung. Denn dass er am Kreuz gestorben sei, lehren zwar die christlichen Kirchen, steht aber in keinem der vier Evangelien. Wer's nicht glaubt, der lese es bitte nach. Dreimal, bei Markus, Lukas und Matthäus, heißt es: Er „hauchte seinen Geist aus". Und bei Johannes: Er „gab seinen Geist auf". Nach allem, was wir heute wissen, könnte das eine Ohnmacht und eine Nahtoderfahrung gewesen sein. Wenn er nach dem Karfreitag und nach Ostern noch gelebt hat, wovon die Theologen ja überzeugt sind, dann kann er vorher nicht tot gewesen sein. Gott hat die Naturgesetze nicht geschaffen, um sie wieder außer Kraft zu setzen. Tot ist tot. Also gab es schon vor 2000 Jahren Verschwörungstheorien und „Fake News". Fakten hatten es eben schon immer schwer. Fakt ist nämlich auch, dass nahezu alle, die die Möglichkeit hatten, einen ersten Blick nach „drüben" zu werfen, übereinstimmend berichten: Es ging ihnen gut, meist besser als je zuvor. Und sie alle wollten nicht wieder zurück in das irdische Leben. Diese wissenschaftlich erwiesenen Tatsachen sind aber noch nicht im kollektiven Gedächtnis unserer Gesellschaft angekommen. Mich überzeugt deshalb die Erkenntnis des Mystikers und Jesuiten Pierre Teilhard de Chardin: „Es macht den Wert und das Glück des Lebens aus, in etwas Größerem aufzugehen, als man selbst ist." Die Botschaft der Nahtoderfahrenen an uns Unerfahrene lautet denn auch: Auf den Tod zu warten, heißt, auf eine große Freiheit zu warten und auf unvorstellbares Glück. Der Tod scheint also tatsächlich besser zu sein als sein Ruf. Davon war auch die Grande Dame der Nahtoderfahrung, Elisabeth Kübler-Ross, überzeugt, mit der ich kurz vor ihrem Tod ein ausführliches Fernsehinterview dazu führen konnte. Als Ärztin und Psychotherapeutin hatte sie Tausende Sterbende in ihren Armen gehalten und wünschte sich für unsere Sendung nun den Titel: „Der Tod ist ein wunderbares Erlebnis". Auf Wunsch vieler Zuschauer musste die gleichnamige ARD-Dokumentation mehrfach wiederholt werden.

Allerdings ist die einzige Sicherheit, die wir haben, die Unsicherheit über das Wann und Wie und Wo unseres Todes. Die meisten westlichen Menschen verdrängen den Tod oder sehen im Sterben nichts als Verfall, Verlust und Vernichtung, was Menschen im buddhistischen, hinduistischen und taoistischen Kulturkreis oft gar nicht nachvollziehen können. Dabei behaupten Christen gerne, dass sie an das „ewige Leben" oder an die „Unsterblichkeit der Seele" glauben. Tatsächlich lehren alle spirituellen Traditionen der Welt, dass der Tod nicht das Ende ist.

Gelingt es uns, den Tod als Transformation und nicht als Ende zu sehen, bekommt auch unser Leben einen neuen Sinn. Vielleicht können wir dann sogar mehr Vertrauen zum Leben entwickeln und erkennen, dass nicht der Tod das letzte Wort hat, sondern die Liebe. Liebe aber entsteht nur durch den Sprung ins Ungesicherte. Ohne Vertrauensvorschuss kann Liebe nicht wachsen.

Das wissen alle wirklich Liebenden. Warum aber sollten wir dem Hass oder der Gleichgültigkeit den Vorzug geben vor der Liebe und dem Vertrauen? Es gibt überhaupt keinen zwingenden Grund, dem Leben wie dem Tod ohne Vertrauen entgegenzusehen.

Bei der Beerdigung meines Vaters sagte ein befreundeter Jesuit: „Hier am offenen Grab zeigt sich die Wirkkraft unseres Glaubens." Versuchen Sie doch mal, liebe Leserin, lieber Leser, im Freundes-, Bekannten- oder Verwandtenkreis über den Tod zu sprechen. Vermutlich werden sie auf Verlegenheit, auf Verdrängen, ja sogar auf Verleugnen stoßen. Als könnten wir uns vor dem Tod in Sicherheit bringen.

DAMIT LEBEN IN UNSERER ZEIT GELINGT

Wider die Wüsten

Unsere moderne Zivilisation gleicht einer spirituellen Wüste. Die Folgen dieser spirituellen Verwüstung reichen allerdings weit über unser individuelles Leben hinaus. Die immer dramatischer werdende Umweltzerstörung ist das Abbild einer tief greifenden Innenweltzerstörung. Wir handeln, als wären wir die letzte Generation auf Erden. Nach uns die Sintflut. Ohne radikalen Wandel unseres Seelenlebens wird unsere Erde enden wie die Venus – öd, leer und trostlos bei einer Temperatur von gut 400 Grad Celsius.

Der eigentliche Treibstoff unserer Umweltzerstörung sind unsere innere Leere, unsere Angst vor dem Tod und unsere Ignoranz gegenüber einem Leben nach dem sogenannten Tod. Diese seelischen Wüsten im Innern führen zur Wüstenbildung im Außen. Die irdischen Wüsten wachsen jeden Tag um circa 50 000 Hektar. Und jeden Tag rotten wir etwa 150 Tier- und Pflanzenarten aus. Damit zerstören wir unsere eigenen Lebengrundlagen. Was wir heute „Fortschritt" nennen, ist langfristig tödlich. Denn ohne Tiere und ohne Pflanzen keine Menschen: Auch dieses Naturgesetz werden wir nicht ändern: Wir alle stehen auf den Schultern unserer älteren Geschwister im Tier- und Pflanzenreich. Aber mit dem heutigen „Wirtschaftswachstum" führen wir einen Dritten Weltkrieg gegen die Natur und damit gegen uns selbst. Heute verbrennen wir an einem einzigen Tag so viel Kohle, Gas, Öl und Uran, wie die Natur in einer Million Tagen geschaffen hat. Was wir mit der Natur anstellen, kommt auf uns zurück. Wir können nur ernten, was wir säen. Und auf einer verbrannten Erde gibt es überhaupt keine Wirtschaft und null Wachstum. Wenn wir das Zeitalter der Ausbeutung beenden wollen, dann werden wir lernen müssen, dem Überleben des Lebens zu dienen. Achtsamkeit erzeugt die nötige Wachsamkeit für das, was *jetzt* zu tun ist und was unser Gewissen *jetzt* anstrebt.

Solange wir allerdings von „Wirtschaftswachstum" sprechen, wenn wir die Mitwelt zerstören und ausrotten, werden wir unserem ehrenvollen Namen „Homo sapiens" („verständiger Mensch") nicht gerecht. Es ist an der Zeit, den Kostenfaktor Natur in den Preis unserer Produkte einzukalkulieren. Die Ökonomen müssen endlich begreifen, dass die Ökologie die intelligentere Ökonomie ist, weil sie ihre Folgen mit bedenkt und dafür einen Preis berechnet. Doch bis heute wird in der gesamten Wirtschaftswelt, egal ob kapitalistisch, marxistisch oder neoliberal, der Kostenfaktor Natur nicht mitberechnet. Wann wird unser Wirtschaftssystem endlich ökosozial statt marktradikal organisiert?

Die zweite große Gefahr, die wir uns herangezüchtet haben und die droht, uns auszurotten, ist die aktuell wieder wachsende Möglichkeit eines Atomkrieges. Jüngst kündigten die wichtigsten Industriestaaten eine drastische Erhöhung ihrer Militäretats an – allein die USA kommen dann auf über 650 Milliarden Dollar. Noch immer verfügen die fünf großen Atommächte über 15 000 nukleare Sprengköpfe, mit denen sie mehr als zwölf Mal sämtliche Menschen und alles Leben auf der Erde auslöschen können. Und selbst wenn nur wenige Dutzend Atombomben existierten, die Gefahr eines Atomkrieges besteht. Und wahrscheinlich wäre er der letzte Krieg in der Menschheitsgeschichte, weil es danach niemanden mehr gäbe, der noch einen Krieg führen könnte. Weder gäbe es danach noch eine Zukunft noch eine Gegenwart – es gäbe aber auch keine Vergangenheit mehr, weil niemand mehr da wäre, der sich noch erinnern könnte.

Da nennen wir uns selbst „Homo sapiens", aber benehmen uns wie „Homo Dummkopf". Keine Tierart, keine Pflanzenart zerstört ihre eigene Lebensbasis. Das macht nur der Mensch. Noch nie hat eine Maus eine Mausefalle gebaut, Menschen jedoch bauen und planen

Atomkraftwerke, ohne zu wissen, wohin mit dem Atommüll. Ganz klar, woran es uns am meisten mangelt: an Selbsterkenntnis. Wir wissen zwar längst, was wir tun, aber wir tun nicht, was wir wissen. Die Ursache unserer aktuellen Leiden ist unsere seelische Wüstenei, unsere seelische Unfruchtbarkeit. Wirkliches Bewusstsein und wirklicher Fortschritt jedoch sind nur über seelisches Wachstum möglich. Denn die einzig wirkliche Großmacht auf diesem Planeten ist die menschliche Seele.

Jesus richtig verstehen

Menschen, die nicht an die Wirklichkeit der Seele glauben, tun sich schwerer, Verantwortung für künftige Generationen zu übernehmen. Menschen hingegen, die sogar von der Wiedergeburt überzeugt sind, sind schon aus rein egoistischen Gründen hoch motiviert, die gute und schöne Schöpfung zu schützen. Entsprechend antwortete der Dalai Lama, als ich ihn in meiner letzten Fernsehsendung vor der Pensionierung fragte, was für ihn heute Religion sei: „Religiös ist, wer mitarbeitet an der Bewahrung der Schöpfung."

Auch Jesus spricht im Neuen Testament, liest man es in seiner Muttersprache, dem Aramäischen, von Wiedergeburt, und zwar acht Mal. Doch besserwisserische Theologen haben fast alle Wiedergeburtspassagen im heutigen, dem aus dem Griechisch übersetzten Neuen

Testament gestrichen. Eine Tragödie für alle christlich Gläubigen – und einer der Gründe, warum der Tod im Abendland beinahe widerstandslos trivialisiert werden konnte. Nicht zuletzt deshalb laufen den Kirchen allein in Deutschland jedes Jahr etwa eine halbe Million Menschen davon. Wenn es den Kirchen nicht gelingt, diesen Trend über mehr Glaubwürdigkeit und eine neue Jesus-Nähe zu stoppen, dann dürften sie in wenigen Jahrzehnten nur noch Museen sein.

Jesus, der Archetyp des christlichen Abendlandes, sprach Aramäisch, das Neue Testament aber liegt den Christen nur in der griechischen Übersetzung vor. Dabei ist der Unterschied zwischen dem Griechischen und dem Aramäischen vor 2000 Jahren etwa so gewaltig wie der Unterschied zwischen Deutsch und Arabisch heute. Der Theologe Günther Schwarz konnte nach jahrzehntelangem Aramäisch-Studium nachweisen, dass Jesus das, was die Christen heutzutage glauben, nicht gelehrt hat, und dass sie das, was Jesus gelehrt hat, nicht wissen. So steht denn auch bis zum heutigen Tag in allen Matthäus-Evangelien der Welt, dass Jesus folgende schrecklichen Worte gesagt haben soll: „Ich bin nicht gekommen, um Frieden zu bringen, sondern das Schwert." (10,34) In der aramäischen Rückübersetzung aber hat Jesus etwas völlig anderes gesagt: „Ich bin nicht gekommen, Kompromisse zu machen, sondern ich bin gekommen, um Streitgespräche zu führen."

Schlimmer und folgenschwerer kann man den Pazifisten aus Nazareth nicht missverstehen beziehungsweise fälschen.

Ob ein Mensch in moralischem Sinne gut sei, ob Leben also gelinge, zeige sich darin, so Martin Luther, dass er das Gute „freiwillig, fröhlich, mit ganzem Herzen und mit spontanem Eifer" tut und dass es den Nächsten nutzt. Er meinte das so ernst, dass er sogar vorschlug, jeder und jede von uns möge „seine eigenen Zehn Gebote" schreiben. In dieser Konsequenz ist Luther der Lehrer der freien, der bedingungslosen Liebe – und damit in der Spur des wirklichen Jesus: kein kirchlicher Zwang, keine Gebote, keine Verbote und ganz sicher keine Liebe ohne Freiheit.

Vertrauen – der Goldstandard aller Beziehungen

Meine Lebenserfahrung sagt mir: Ohne uns ernsthaft mit dem Tod zu beschäftigen, wird es uns kaum gelingen, Sinn in unserem Leben zu finden. Und fast alle Nahtoderfahrenen bestätigen: Sinn im Leben bedeutet Vertrauen ins Leben. Tatsächlich ist Vertrauen der Goldstandard aller Beziehungen, sei es der privaten, der beruflichen oder der politischen. Nur mit Vertrauen, sagte Michail Gorbatschow einst während der Arbeit an unserem Buch „Kommt endlich zur Vernunft – nie wieder Krieg!", habe der Kalte Krieg überwunden, der drohende Atomkrieg verhindert und die deutsche Wiedervereinigung friedlich gelingen können.

Vertrauen ist aber auch die Basis jedweder Hoffnung. Oft werde ich als Journalist gefragt: „Und wo bleibt das Positive, wo die Hoffnung?" Dabei ist doch schon jede Geburt ein hoffnungsvoller Neubeginn. Mit jedem Neugeborenen wird wieder alles möglich. Aber auch die Schulzeit, die Lehre, das Studium und eine Krise können Formen des Neubeginns sein, ebenso wie eine Liebesbeziehung oder wie die berühmt-berüchtigte Midlife-Crisis den Beginn von etwas Neuem bedeuten kann. Aber erst in den letzten Jahrzehnten wurde uns dank der Hirnforschung, dank Neuropsychologie und Neurobiologie bewusst, dass das Alter ebenfalls ein Neubeginn sein kann. „Jedem Anfang wohnt ein Zauber inne", wusste schon Hermann Hesse. Und der 1939 geborene Psychotherapeut Uwe Böschemeyer schreibt: „Altwerden bedeutet Gelassenheit, Weisheit und die Besinnung auf die wirklich wichtigen Dinge des Lebens. Keineswegs muss es sich bei dieser Lebensphase um etwas Angsteinflößendes handeln. Die Einstellung zum Alter macht den Unterschied – und die lässt sich durchaus ändern." Böschemeyer muss es eigentlich wissen, ist er doch nur ein Jahr jünger als ich. Zudem hat mir meine eigene Lebenserfahrung vor Augen geführt, dass Altsein durchaus besser sein kann als Jungsein. Andererseits hat jener Franz Alt, der sich in diesem Buch auf die Spuren eines gelingenden Lebens begibt, besonders viel von C. G. Jung, dem Schweizer Seelenarzt und Begründer der analytischen Psychologie, gelernt. Eigentlich verdanke ich sogar ebendiesem Jung die Erfahrung, dass alt zu sein besser sein kann als jung. Und dass Träume keineswegs Schäume sind, habe ich auch bei ihm gelernt ...

MIT TRÄUMEN LEBEN

Das Abschiedsgeschenk meiner Mutter

Meine Mutter starb am 1. März 1993. Mit 82 Jahren. In der Nacht nach ihrem Tod hatte ich folgenden Traum: Die ganze Familie Alt ist mit einem kleinen Schiff, eigentlich ist es eher ein Floß, auf der Murg im Schwarzwald unterwegs. Auch meine Mutter ist dabei. Plötzlich fällt sie ins Wasser. Alle haben große Angst um sie, weil sie nicht schwimmen kann. Doch keiner springt zu ihr in den Fluss, um sie zu retten. Sie rudert mit den Händen – und dann steht sie mit einem Mal auf einer kleinen Sandbank, nur noch bis zu den Knien im Wasser. Lachend ruft sie uns zu: „Habt doch keine Angst – mir geht es gut, es kann mir nichts passieren." Dabei wirkt sie so glücklich und strahlend ...

Dieser Traum ist das wertvollste Abschiedsgeschenk, das mir meine Mutter machen konnte. Bereits während ich träumte, sprang dieses Glücksgefühl auf mich und ihre Familie über: auf ihre drei Kinder, ihre Schwiegerkinder und Enkel. Seither habe ich selbst weniger Angst vor dem Tod, denn das erfüllende Glücksgefühl jener Nacht nach dem Tod meiner Mutter ist mir bis heute treu geblieben. Für diesen Schlüsseltraum bin ich ihr und meiner Traumkraft besonders dankbar, weil ich nun weiß: Der Tod ist wie die Geburt das Normalste der Welt. Er ist kein Problem, wenn wir keines aus ihm machen. Problematisch sind höchstens unsere Einstellung zum Tod und unsere Vorstellung vom Tod. Es stimmt: Leben ist tödlich. Aber der Tod kann zum Freund des Lebens werden.

Und noch etwas lehrte mich dieser Traum: Beim Sterben, in jenen Augenblicken, da sich zeigt, was das eigene Leben ausgemacht hat, ist jeder von uns allein. Niemand kann uns dann wirklich helfen, niemand uns vertreten. Selbst Martin Luther, der das Lied vom „fröhlichen Tod" dichtete, wusste erschreckend und anrührend zugleich: „Wir sind alle zu dem Tode gefordert und wird keiner für den andern sterben, sondern ein jeglicher in eigener Person muss geharnischt und gerüstet sein, für sich selbst mit dem Teufel und Tode zu kämpfen." Vor Gott sind wir ganz allein und ganz wir selbst. In dieser finalen Einsamkeit der letzten Stunde kann jedoch auch etwas Rettendes liegen. Wie sagte meine Mutter in meinem Traum: „Habt doch keine Angst, mir geht es gut, es kann mir nichts passieren." Dies war die Grunderfahrung ihres gesamten Lebens. Und ihren Abschiedsbrief an meine beiden Schwestern und mich beendete sie mit dem Satz: „Ich segne Euch." Dieser mütterliche

Segen begleitet nun jedes ihrer Kinder bis ans Lebensende. Als ich sie am Vorabend ihres Todes im Krankenhaus besuchte, gab sie mir mit auf den Weg: „Franz, du darfst deinen Zug nicht verpassen." Seitdem empfinde ich meine Mutter wie einen Schutzengel, der mir womöglich schon das Leben gerettet hat – zum Beispiel als ich ausgerechnet am See Genezareth von einer drei Meter hohen Mauer fiel ...

Mit dem Tod meiner Eltern habe ich zu ahnen begonnen, dass kaum etwas in unserem Leben schwerer ist, als vertraute Personen loszulassen. Aber ebendiese Erfahrung ist vermutlich auch einer der wichtigsten Lernprozesse in unserem Leben. Der Tod der Eltern verändert das Leben ihrer Kinder für immer. Denn danach – normalerweise in der zweiten Lebenshälfte – wird es wirklich ernst.

Lebenstraum Glück

Für Aristoteles ist Glück das Ziel aller Ziele. Wohlgemerkt: das *Ziel*. Kein Dauerzustand. Auch der Dalai Lama sagt: „Der Sinn unseres Lebens besteht darin, glücklich zu sein." Und ähnlich drückt es Jesus im Evangelium des Johannes aus, wenn er von der „Fülle des Lebens" spricht.

Dank der revolutionären Fortschritte in der Hirnforschung während der letzten 25 Jahre wissen wir inzwi schen, dass sich unser Gehirn mit seinen Möglichkeiten der Glückserfahrung ständig verändern, entwickeln, wachsen und erweitern kann – und zwar bis ins hohe Alter. Demnach können wir unser Gehirn auf Glück trainieren, wie wir einen Muskel auf Beweglichkeit trainieren können.

Glück hängt also nicht vom Zufall ab, wie viele von uns meinen, sondern von der Entfaltung und der Entwicklung der uns innewohnenden Fähigkeiten sowie von der ausdauernd-nachhaltigen Arbeit an uns selbst, mit uns selbst und an unserem Selbst. Wir sind in der Lage, das, was uns glücklich macht, zu entfalten, und das, was uns unglücklich macht, zu transformieren. Ich hatte das große Glück, in meinem Leben mehreren Glückslehrern und ihren Botschaften begegnet zu sein: Jesus, Buddha, dem Dalai Lama, Mahatma Gandhi, Carl Gustav Jung und seiner Schülerin Hanna Wolff, aber auch dem Solarpionier Hermann Scheer. Von ihnen habe ich gelernt, dass uns das Glück nicht in den Schoß fällt, sondern dass es erarbeitet werden muss, dass wir in diesem Sinne also doch unseres eigenen Glückes Schmied sind. Den einen, den wahren Königsweg zum Glück habe ich freilich nicht kennengelernt. Denn Glück erfordert geduldige, konsequente Glücksarbeit, so zum Beispiel über die Schulung des Geistes durch Gebet und Meditation oder auch durch die Analyse unserer Träume. Nur so können wir verlässliche Orientierung finden bei der Suche nach Wohlbefinden als der Voraussetzung für ein gelingendes Leben. Sowohl für uns als auch für andere.

Um glücklich zu werden, müssen wir vor allem lernen, lernfähig zu bleiben, das heißt, auch bereit sein, uns zu verändern. Wenn ich bei meinem täglichen Spaziergang durch den Wald mein „Waldbad" nehme, indem ich in die Natur eintauche, werden die Ruhe und Schönheit von Bäumen, Gräsern, Bach und Moosen übergangslos eins mit dem Frieden in mir. Und höre ich am Abend ein Käuzchen rufen, den Specht klopfen, manchmal sogar ein Wildschwein im Unterholz grunzen, rieche ich frisch geschlagenes Holz, Sägemehl und Rinde, dann bin ich weit weg von den aktuellen Aufregungen meines journalistischen Berufs und der Arbeit an jenem Schreibtisch, an dem beinahe fünfzig Bücher und über 300 Fernsehfilme entstanden. Die Seele pilgert besonders gern zu Fuß, um zu erleben, dass die Schönheit der Schöpfung göttlich, gewissermaßen das Gewand Gottes selbst ist. Gott ist in allen Religionen schön.

Auch die Natur des Waldes ist eins mit dem Pulsschlag des göttlichen Herzens, weshalb ihr eine starke heilende Kraft innewohnt: Ein Tag, ja schon eine Stunde im Wald, aber auch am Meer oder in den Bergen hilft, unseren Körper zu entkrampfen. Unsere Seele findet zu neuer Energie, denn die Natur ist ein großes Gebet, ein Ort der Stille, der uns zu innerer Ruhe führt. Es ist, als ob Gott unsere Seele küsst. Hier, in der Stille des abendlichen Waldes oder mit dem Blick über das weite Meer in der Dämmerung, wird das Schweigen des Göttlichen zur größten Nähe. Jetzt macht uns die leise Stimme unseres Herzens mit der Melodie unserer Seele vertraut. Und so wird unser Inneres zum Tempel des göttlichen Herzschlags. Im Gebet sehen wir mit den Augen des Herzens.

Ich habe die Erfahrung gemacht, dass Beten heilt und zu innerem Frieden führt. Beten durchdringt Mauern und überspringt Kontinente, verbindet Himmel und Erde, Lebende und Tote. Rational betrachtet, eine kaum fassbare geistige Kraft. Dabei ahne ich, wie recht Immanuel Kant hatte, als er in seinem Schlusswort zur „Kritik der praktischen Vernunft" schrieb: „Zwei Dinge erfüllen das Gemüt mit immer neuer und zunehmender Bewunderung und Ehrfurcht, je öfter und anhaltender sich das Nachdenken damit beschäftigt: der bestirnte Himmel über mir und das moralische Gesetz in mir. Beide darf ich nicht nur in Dunkelheit verhüllt und im Überschwänglichen, außer meinem Gesichtskreise suchen und bloß vermuten; ich sehe sie vor mir und verknüpfe sie unmittelbar mit dem Bewusstsein meiner Existenz."

Dass der Wald uns existenziell guttut, kann jede und jeder von uns selbst spüren. Inzwischen erforscht auch die Wissenschaft das heilende Band zwischen Mensch und Natur. Der österreichische Biologe Clemens Arvay hat aufgezeigt, dass Bäume und Pflanzen mit unserem Immunsystem kommunizieren und dabei unsere Widerstandskräfte stärken und dass Bäume sogar unsichtbare Substanzen absondern, die gegen Krebs wirken. Selbst Zimmerpflanzen können den körpereigenen Heilungsprozess beschleunigen und so den Einsatz von Schmerzmitteln reduzieren. Ähnliche Erkenntnisse hatte die heilige Hildegard von Bingen schon vor 900 Jahren, als sie von der medizinischen „Grünkraft" (Viriditas) sprach: „Es gibt eine Kraft aus der Ewigkeit und diese ist grün." Die heutige Wissenschaft bestätigt uns, dass die „Grünkraft" des Waldes Stresshormone senkt, Depressionen mindert, Ängste und Panikstörungen reduziert und Erschöpfungszustände lindert.

Ein derart gesundes „Waldbad" gönne ich mir täglich etwa vierzig Minuten – meist in der Stille des Abends, oft im Schein des Mondes und der Sterne. Auf Wegen wie diesen wurde mir im Laufe meines Lebens klar, dass uns weder ein Jesus noch ein Marx je helfen kann, Sinn und Glück in unserem Leben zu finden, wenn wir nicht letztlich selbst aktiv werden. Allerdings können Jesus und Buddha, Gandhi und der Dalai Lama bedeutende Anreger und weise Lehrer sein. Als ursprünglich recht konservativer Katholik habe ich lange gebraucht, bis ich lernte, dass es keine Fremderlösung geben kann. Heute bin ich davon überzeugt: Hilf dir selbst, *dann* hilft dir Gott.

Innerer Reichtum ist unser Geburtsrecht, Mangelempfinden hingegen ein geistiger Irrtum. Wir leben auf einem Planeten voller Reichtum und Schönheit; und in uns selbst bergen wir noch weit wertvollere, schier unermessliche Schätze. Und der Schlüssel dazu? Lassen Sie es mich mit folgender Parabel ausdrücken: Fragt ein Patient seinen Arzt: „Gibt es ein Medikament für die Liebe?" „Ja", antwortet der Arzt, „die Liebe." „Und wenn's nicht hilft?" „Dann erhöhen Sie die Dosis." Welch göttlicher Arzt.

Der wahre Heiler im Hintergrund ist Gott. Er ist der große Geist, der die Kranken langfristig heilt und sich den Störungen der Seele widmet. Jede wirkliche Religion ist ein psychotherapeutisches System, vielleicht das ausgefeilteste überhaupt. „Gott", so C. G. Jung, „ist eine allgemeine Erfahrung, die nur von einem blöden Rationalismus und einer entsprechenden Theologie verdunkelt wird." Dabei erkennt der Schweizer Therapeut aber nur einen „inneren Gott" an; der äußere erweise sich als Projektion.

Religiöse Menschen sind meiner Ansicht nach all jene, die die Wahrheit *suchen*. Das kirchliche Bodenpersonal aber behauptet oft, die Wahrheit zu *haben*, hat also aufgehört, nach ihr zu suchen. Wobei die einzig wahre Religion eh die eines guten menschlichen Herzens ist, denn dort wohnt Gott: Wenn Jesus nicht in uns geboren wird, ist er umsonst geboren.

In meiner Kindheit und Jugend folgte ich ziemlich blind dem Aberglauben, dass der liebe Gott schon alles für uns regeln und richten wird. Mit 15 Jahren wollte ich katholischer Priester werden, ohne mir viele Gedanken über die Unnatürlichkeit des Zwangszölibats gemacht zu haben. Aus dieser Einfalt rettete mich erst später ein hübsches aufgeschlossenes Mädchen, das mit seiner Natürlichkeit die ganze Macht des tausendjährigen Zölibats einfach hinweglächelte. Mittlerweile sind wir seit mehr als fünzig Jahren glücklich verheiratet. Gott sei Dank hat sie mich vor dem Zölibat gerettet und damit nicht nur mir, sondern auch der katholischen Kirche so manchen Ärger erspart.

Keine militärische Abrüstung ohne moralische Aufrüstung

Hanna Wolff, Theologin und Schülerin von C. G. Jung, wurde über ihre Bücher „Jesus der Mann" und „Jesus als Psychotherapeut" meine Therapeutin in einer Lebens- und Partnerschaftskrise. Von ihr lernte ich, dass der junge Mann aus Nazareth keine Figur ist, von der uns Welten trennen, sondern ein Mann, der uns Heutigen ganz konkret und praktisch zeigt, wie wir am modernen Leben Anteil nehmen und ein gelingendes Leben gestalten können: „Selig sind die Friedensstifter", „Selig sind die für Gerechtigkeit Kämpfenden", „Selig sind die Barmherzigen". Konflikte, so sein Fazit für uns, sind nur mit den Waffen des Geistes und der Güte des Herzens zu lösen.

In den ersten Jahrhunderten hatte die Christenheit größtes Interesse daran, Jesu Gottheit zu betonen, verlor dabei aber die Menschlichkeit des Menschen Jesus aus den Augen. Dabei war dieser Mann ein so einzigartiger Mensch. Er verkörperte das erste prominente ebenso heile wie ganzheitliche Menschen- und Gottesbild, das männliche *und* weibliche Wertmaßstäbe enthält. Diese zentral wesentliche Erkenntnis war allerdings in der gesamten abendländischen Jesus-Tradition, sprich 2000 Jahre lang, unter den Tisch gefallen.

Wenn wir aber den Mann Jesus in den Blick bekommen, so wird auch das heute aus dem Lot geratene Verhältnis von Mann und Frau wieder besser gelingen. Das wurde mir klar, als ich mich mit den Ausführungen von Hanna Wolff beschäftigte. Denn nur konkret und praktisch gelebte Jesus-Nachfolge kann die kirchliche Tradition des patriarchalen Gottes und des patriarchalen Jesus überwinden. Wer eine menschliche Gesellschaft will, muss die männliche hinter sich lassen.

Ein patriarchaler Gott ist immer ein gewalttätiger Gott, ein krank machender Gott, wie die gesamte Geschichte aller Religionen beweist: Im Namen Jesu und im Namen seines liebenden Vaters wurden Kreuzzüge und Kriege, Hexen- und Ketzerverbrennungen gerechtfertigt. Es gilt, endlich ein neues, ein realistisches Jesus- und Gottesbild zu entdecken. Schließlich kann nur einem heilen Gottesbild ein heiles und heilendes Menschenbild entsprechen. Dieser wirkliche Jesus jedoch, der Mann mit männlichen (Animus) und weiblichen (Anima) Seelenanteilen – C. G. Jung spricht von anima-integriert –, hatte bislang kaum eine Chance. Heute aber brauchen wir keine Militärbündnisse, sondern Friedensbewegungen. Nicht maskulin und muskulär sind die Attribute einer neuen, hoffnungsvollen Welt, sondern ganzheitlich und beseelt.

Hanna Wolff verdanke ich nach einer 18-monatigen Traumtherapie meine geistige Lebensrettung und die Heilung der Partnerschaftskrise, in der meine Frau und ich damals steckten. Bei ihr habe ich gelernt, dass unsere nächtlichen Träume so etwas wie eine in uns eingebaute geistige Hausapotheke der Seele sind, die ich bis dahin sträflich vernachlässigt und wie die meisten heutigen Menschen verdrängt hatte. Darum hatte ich auch nicht auf die Warnsignale in meinen Träumen reagiert.

Von wegen Schäume

Ohne diese therapeutische Erfahrung und Hilfe im Geiste C. G. Jungs hätte ich wohl auch weiterhin ein sehr veräußerlichtes und wenig sinnerfülltes Leben geführt, meine Midlife-Crisis kaum überwinden und bestimmt

nie ein Buch „Wenn Leben gelingt" schreiben können. Die Therapie war für mich wie ein Sonnenaufgang
nach einer langen, kalten und finsteren Nacht. Die Arbeit an und mit meinen Träumen war eine Art geistige
Wiedergeburt. Seither – inzwischen sind 38 Jahre ver-
gangen – habe ich, meist noch in derselben Nacht, rund
2000 Träume aufgeschrieben, um sie am nächsten Tag
möglichst achtsam zu meditieren. Eine kostbare Lebens-
hilfe zu mehr Lebensglück: Jeder einzelne Traum ist eine
Stufe zu einem gelingenden Leben. Die biblische Überzeugung „Den Seinen gibt's der Herr im Schlaf" fand ich
schon immer interessant und um einiges hilfreicher als
die nachaufklärerische Verstandeseinseitigkeit allein.

Träume stellen uns unerbittlich die Frage: Bist du, der
du sein kannst? Bist du, der du sein sollst? Und so wurde mir auch erst in der konkreten Traumarbeit die Wirklichkeit der Seele bewusst. Unsere Seele ist existent, ja,
sie ist die Existenz selbst. Alles, was lebt, hat Seele. Und
alles, was Seele hat, lebt. Und in Sachen Seele haben wir
niemals ausgelernt ebenso wenig wie in Sachen Leiden
und in Sachen Liebe.

Ohne Leiden, meint Jung, kann es auch kein Glück geben. Nur wer in eine Grube hineingefallen ist, hat auch
die Chance, aus derselben wieder herauszuklettern, hat
er mal sinngemäß gesagt. Das klingt gut und entspricht
durchaus der Logik unserer eigenen Lebenserfahrung,
oder? In Situationen jedoch, in denen wir „in der Grube"

liegen, alles um uns herum dunkel zu sein scheint und wir uns eingepfercht fühlen, ist diese Erkenntnis erst einmal nichts weiter als schöne Theorie. Wir beruhigen uns vielleicht noch mit so neunmalklugen Erkenntnissen wie „Auf jeden Dezember folgt wieder ein Mai" und „Nach Regen kommt immer wieder Sonnenschein", doch zuvor müssen wir notgedrungen die Tristesse des trüben Wetters ertragen … Müssen wir das wirklich? Warum nicht mal den Blick auf die angenehmen Seiten von Regen und dunkler Jahreszeit richten? Wahrscheinlich besteht das größte Leid eh darin, wie wir mit Leid umgehen: sentimental statt realistisch, egoistisch statt sozialorientiert, vergangenheitsbesessen statt zukunftsoffen. Unsere Zeit wird von Medien und Politik, von Wirtschaft und Wissenschaft vor allem auf Fortschritt und Wissenschaftsgläubigkeit programmiert. Das Leid hingegen wird öffentlich weitgehend tabuisiert, verleugnet und verdrängt. Der erfahrene Seelenforscher Jung wusste allerdings aufgrund eigener Leiderfahrung und der Leiderfahrung seiner vielen tausend Patienten um die allgegenwärtige Wirklichkeit des Leids, aber auch um die besondere Produktivität von Lebenskrisen. Sein Berufsleben lang versuchte er, seinen Mitbürgern den Sinn des Leidens zu erschließen und nach dem Sinn des Leidens zu forschen. Er war überzeugt davon, dass jeder Gesundungswille aus Leidensdruck erwächst und schließlich aus der Grube hilft.

Unsere Träume können dabei sehr hilfreich sein, zumal sie – so meine Lebenserfahrung – die ergiebigste Quelle für Achtsamkeit darstellen. Das geistige, spirituelle und seelische Entwicklungspotenzial, das jede und jeder von uns in dieser Form in sich trägt, ist unermesslich.

Meine Traumerfahrung in zwei Sätzen:

Wenn du dich deinen Träumen zuwendest, dann wenden deine Träume sich dir zu.

Was die Nahrung für den Körper, ist der Traum für die Seele.

Und was können wir bei alledem lernen? Zuallererst, dass es kein Fehler ist, wenn wir Fehler machen, aber ein ganz großer Fehler, wenn wir aus Fehlern nichts lernen wollen. Bei Konfuzius klingt das so: „Wer einen Fehler gemacht hat und ihn nicht korrigiert, begeht einen zweiten." Und C. G. Jung, der in seinem Leben über 80 000 Träume analysiert hat, konstatiert ganz pragmatisch: „Jeder Traum ist Informations- und Kontrollorgan und darum das wirksamste Hilfsmittel beim Aufbau einer Persönlichkeit." Oder auch: „Das Einzige, was wirklich hilft, ist die Selbsterkenntnis und die dadurch bewirkte Änderung der geistigen und moralischen Einstellung." Und ich füge hinzu: Alle Kultur ist Erweiterung des Bewusstseins.

Ehe etwas ist, muss es geträumt werden. Denn am Anfang ist immer der Traum. Alles, was irgendwann ist, beginnt als Möglichkeit. Liebe ist möglich. Frieden ist möglich. Gerechtigkeit ist möglich. Eine bessere Welt ist möglich. Aber immer auch das Gegenteil. Was nicht zuerst gedacht oder geträumt wurde, ist nämlich auch nicht möglich. „Am Anfang war das Wort" oder die Idee oder der Geist oder der Traum oder Gott. Im Grau des Winters träumen wir den Traum vom farbenkräftigen Frühling, der uns dann auch Jahr für Jahr immer wieder mit seinem Wunder an leuchtender Farbigkeit überrascht. Ein Zeichen der Schöpferkraft, die es gut mit uns meint.

Wir alle träumen auch den Traum der Zugehörigkeit. Wenn wir uns abgehängt, zurückgewiesen oder ausgeschlossen fühlen, werden wir krank oder rebellisch. Hingegen kommt unser Herz zur Ruhe, findet unsere Seele Stille, wenn wir uns zugehörig und angenommen fühlen. Woher stammt dieses dringliche menschliche Bedürfnis? Dem irischen Philosophen und Schriftsteller John O'Donohue zufolge stammen wir „aus einem Anderswo, wo wir bekannt, angenommen und geborgen waren. Dies ist die heimliche Wurzel, aus der alle Sehnsucht wächst ... Unsere Sehnsucht ist die göttliche Sehnsucht in menschlicher Erscheinung".

Ohne diese Zugehörigkeit fehlt uns immer etwas menschlich Wesentliches. Wir werden verrückt. Schon im Mutterleib, im stillen Heranwachsen der Dunkelheit, sind wir diesem Zugehörenwollen entgegengewachsen.

Unsere seelische Reise ist ein Leben lang die urtümliche Reise von der Dunkelheit ins Licht, ins Bewusstsein. Wir wollen der Mensch werden, den wir uns erträumen. Wir alle wollen wissen, woher wir kommen und wohin wir gehen. Sicher ist aber nur eines: Von nichts kommt nichts – und Energie verschwindet nicht, sondern wandelt sich. So wie es ein „Davor" gab, wird es ein „Danach" geben. Aus dem Schutz dieser „ewigen" Dazugehörigkeit können wir nie herausfallen. Unsere letztliche Heimatadresse ist also um etliches mehr als unsere Wohnadresse.

Jedes Neugeborene baut eine Brücke zwischen unserer materiellen und der geistigen Welt, aus der wir hervorgegangen sind. Die geistige Welt, die uns umgibt, ist zwar unsichtbar, existiert aber dennoch: Das Unsichtbare ist der geheimnisvolle, der lebendige und gewaltige Hintergrund des Sichtbaren. Auch Gefühle, Vertrauen, Liebe oder gar Gott sind zwar unsichtbar, was jedoch kein Beweis für ihre Nicht-Existenz ist. Und das Unsichtbare kann wahrnehmbar werden – durch seelische, geistige, sogar durch intellektuelle Wachsamkeit.

Wir träumen jede Nacht

Die pulsierende Neugier ist die Basis eines zufriedenen Lebens. Auf diese Weise ist es auch sehr wohl möglich und nötig, Misserfolg, Trauer, Leid, Unzufriedenheit,

Rückschläge und Schmerz in ein gelingendes Leben zu integrieren. Und noch einmal: Auch Liebe ist möglich. Gleichwohl ist Liebe weit mehr als ein romantisches Gefühl. Zu einer gelingenden Liebespartnerschaft gehören die Erkenntnis und die Erfahrung, dass Liebe immer auch Liebesarbeit und Liebesintelligenz ist. Ob nun also in der Liebes- oder Trauerarbeit: Seien wir neugierig auf unsere Träume – seien wir acht- und wachsam.

Der modernen Traumforschung sei Dank wissen wir heute, dass jeder Mensch jede Nacht träumt. Wir erinnern uns meist nur nicht. Würden wir länger als 14 Tage oder Nächte nicht träumen, wären wir nicht mehr lebensfähig. Träume sind also lebensnotwendig. Und jeder Traum ist ein reines Produkt unseres Unbewussten. Im Gegensatz zu unserem Bewusstsein ist der Traum nicht manipulierbar. In allen älteren Kulturen gilt der „große Traum" immer noch als eine göttliche Botschaft. Im christlichen Kulturkreis aber ist das Wissen um die Wahrheit und Wichtigkeit von Träumen leider weitgehend verschüttet.

Wenn die Quellen des Unbewussten nicht mehr sprudeln, verrennt sich unser verarmtes, abgespaltenes Bewusstsein in Sackgassen. Träume zeigen uns die Wege, die aus unserer einseitig-rationalistischen Ausweglosigkeit zu den Grundtatsachen des Menschseins führen. C. G. Jung und Sigmund Freud haben diese Wege nicht erfunden, aber wieder freigeschaufelt. Träume, so Freud, seien der Königsweg zum Unbewussten. Und Jung, der Freuds Erkenntnisse nicht nur weiterentwickelte, sondern auch weiter vermittelte, vertiefte sie um die religiöse Dimension.

Träume sind die Bildersprache unserer Seele. Und wenn wir sie nicht benutzen, verlernen wir sie. In den Träumen, so meine jetzt jahrzehntelange Erfahrung, webt die Seele an den Lösungsmöglichkeiten unserer Lebensprobleme. Träume zeigen mir seit Langem sowohl meine verdrängten Krisen als auch immer die ihnen innewohnenden Chancen. Das heißt, wer bewusst träumt, lebt bewusster. Dazu Jung: „Wirklich ist nur, was wirkt."

Zu einem gelingenden Leben gehört natürlich mehr, als für sein privates Innenleben zu sorgen. Die Beschäftigung mit der eigenen Seele darf niemals den Blick auf Politik, Wirtschaft, Gesellschaft und Wissenschaft verstellen. Denn die Pflege des eigenen Seelengärtleins allein hilft dem Arten- und Baumsterben nicht. Der Homo sapiens hat nur als Homo oecologicus eine Zukunft. Kurt Marti, der kluge Schweizer Theologe, hat es so gesagt: „Miteinander leben lernen ist besser, als miteinander unterzugehen." Deshalb kann wahrhaft ethisch zu denken und zu handeln heute nur heißen: den absoluten Primat der Ökonomie zu brechen.

Die derzeitige Weltlage erscheint vielen als bedrückend, beängstigend, ja, apokalyptisch. Sie kann aber auch, so meine Lebenserfahrung, befruchtend wirken, wenn wir nicht allzu viel Zeit verschlafen. Voraussetzung für das Erkennen von Chancen in der Krise ist politische Achtsamkeit, Beziehung zur Natur, Lernen von der Natur, ein Gefühl für Demut, das Hören auf die innere Stimme und das Wissen um die Abhängigkeit von der Natur. Das alles sind erste Schritte zu einer Öko-Ethik. Und die daraus folgende Praxis? Weniger konsumieren, bewusster essen und genießen, achtsame Mobilität. Ich ernähre mich mittlerweile zu neunzig Prozent vegetarisch, mein Traum der letzten Nacht will mich jedoch zu hundert Prozent führen. Aus Liebe zu den Tieren.

Träume als wichtige Wegweiser

Vor meiner Traumtherapie hatte ich jahrelang immer wieder geträumt, dass ich rückwärts Auto fahre und die Bremsen versagen. Jedes Mal war ich schweißgebadet aufgewacht, hatte den gefährlichen Traum aber verdrängt. Erst in der Traumarbeit wurde mir klar, dass es nicht gut sein kann, wenn mein Auto (autos, griechisch: selbst) rückwärtsfährt, womit ich nicht nur mich, sondern auch andere gefährde. Es war die Zeit, als ich eine Freundin hatte, obwohl ich schon zehn Jahre lang verheiratet war.

Nach meiner Therapie kehrte dieser Traum nicht wieder. Jetzt ging es eher vorwärts. Oft in der Bahn, manchmal auch im Ruderboot, das ich selbst antrieb. Als ich am Ende meiner Therapie träumte, beglückt in einem Segelboot zusammen mit meiner Frau aufs weite Meer hinauszufahren, wusste ich, dass wir unsere Partnerschaftskrise überwinden können. Selbst in dieser komplizierten Situation hatte das Netz des Vertrauens gehalten. Ein großes Glück. Eine Gnade.

Selten war ich so glücklich, lebensfroh und energietrunken wie nach diesem Traum. Denn der Traum meint immer genau das, was er sagt. Allerdings hatte sich meine Frau das faire Motto zu eigen gemacht: „Zu einer Krise gehören immer zwei." C. G. Jung zu solchen Situationen: „Alles, was uns am anderen missfällt, kann uns zu besserer Selbsterkenntnis führen." Jahrelang hatte ich mich gefragt: Warum ändert sich meine Frau nicht? Jetzt endlich war mir bewusst geworden, dass ich meine eigenen Probleme ständig auf meine Frau projiziert hatte. Mit dieser Erkenntnis begann eine ungemein produktive Lebens- und Liebesphase ...

Ja, Träume sind wichtige Wegweiser. Sie sind der bequemste und einfachste Zugang zu unserem Unbewussten. Sie zeigen uns die eigentliche Wirklichkeit – ohne den oft vernebelten und vernebelnden Filter unseres Verstandes. Im Traumzustand ist die Seele unserer bewussten Willkür entzogen. Und damit sind wir der Möglichkeit beraubt, uns selbst zu täuschen. Träume konfrontieren uns schonungslos mit uns selbst. Sie sind Antworten auf äußere Fakten und Umstände, aber es sind die Antworten unserer Seele und damit Abbilder unserer seelischer Begebenheiten. Wer in eine Traumanalyse geht, begibt sich deshalb auf eine nicht selten bedrückende Reise. Er begegnet seinen eigenen Abgründen. „Wer zugleich seinen Schatten und sein Licht wahrnimmt", so Jung, „sieht sich von zwei Seiten und kommt damit in die Mitte."

Selbsterkenntnis ist stets ein Wagnis und ein Abenteuer, das oft in unerwartete Weiten und Tiefen führt. Aber an seinen eigenen Abgründen kommt niemand vorbei, der seelisch gesund werden und reifen möchte. Selbsttäuschung mag mitunter bequemer sein als Selbsterkenntnis, aber Enthauptung ist auch kein Mittel gegen Kopfschmerzen. Selbsterkenntnis ist nun mal meist das Gegenteil von Selbstbeweihräucherung. Und so gebe ich noch einmal meinem Lehrer, dem großen Schweizer Tiefenpsychologen, das Wort: „Ich erachte es für die vornehmste Aufgabe der Psychologie in unserer Gegenwart, unentwegt dem Ziel der Entwicklung des Einzelnen zu dienen."

LEHRER EINES GELINGENDEN LEBENS

Von Jesus gelernt

Nach der Traumtherapie bekam meine alte Welt Risse und brach stellenweise in sich zusammen. Eine neue Welt wuchs stattdessen, entwickelte sich langsam, aber stetig. Ich wurde weniger ängstlich und etwas mutiger. Die geistige Welt empfand ich als wichtiger und als spannender. Erst jetzt konnte ich Bücher schreiben wie „Frieden ist möglich. Die Politik der Bergpredigt" und „Liebe ist möglich. Die Bergpredigt im Atomzeitalter". Himmel und Erde waren nun keine voneinander getrennten Welten mehr, sondern eher Zustände, in denen wir leben, die wir aber auch verändern können. Progressive Entwicklungen im seelischen Bereich wurden mir bedeutsam und schienen mir richtig. Rein Materielles hingegen kam mir nun häufig regressiv und uninteressant vor, während mein Innenleben und meine Träume immer deutlicher und wesentlicher wurden. Ich interessierte mich für Bewusstseinsforschung und -entwicklung, Sinnfragen wurden zentral. Jetzt begriff ich allmählich, was religiöse, wissenschaftliche und politische Ideologien bisher mit mir angstellt hatten, und ich versuchte, mich davon zu emanzipieren. Meine Frau, weit weniger parteipolitisch und religiös vorbelastet als ich und schon gar nicht mit katholischen Eierschalen erzogen, half mir dabei – verständnisvoll und klug. Danke, Bigi! Mit ihr lernte ich, dass Liebe die beste und erfolgreichste Medizin ist: Sie entspannt, entstresst und fördert ein langes und gesundes Leben.

Ich verstand mehr und mehr, dass das Universum eher ein spiritueller als ein materieller Ort ist und vor allem ein Ort des Lernens für ein ganz anderes Leben. So lernte ich sogar, dass das Universum wohl eine Welt von vielen ist oder, wie es Jesus ausgedrückt hat: „In meines Vaters Haus sind viele Wohnungen."

Nach meiner Therapie kam es mir vor, als hätte die Bergpredigt schon lange auf mich gewartet. Jetzt hatte sie mich voll erwischt. Mein Interesse an diesem Grundsatzprogramm Jesu war nun nicht mehr theoretisch und akademisch, sondern praktisch und existenziell. Die Bergpredigt mit den großen Themen, den Überlebensfragen unserer Zeit – Frieden, Gerechtigkeit und Bewahrung der Schöpfung – sagt, wie Christen sein sollen, wenn sie Christen sind. Es gibt keine größere Macht als eine Idee, deren Zeit gekommen ist. Und unsere Zeit ist reif für die Bergpredigt. Angesichts größter Gewaltpotenziale, schlimmster Umweltzerstörung und skandalöser Ungerechtigkeit müssen wir endlich Ausschau halten nach wirklichen und substanziellen Alternativen – und die bietet ganz sicher nicht die AfD. Denn Demokratie ist, immer Alternativen zu haben.

Ich weiß, dass viele Leserinnen und Leser meinen politischen Überzeugungen folgen, dazu aber keine Religion brauchen. Andere wiederum folgen zwar meiner religiösen Intention, halten die politischen Konsequenzen aber für gefährlich. Das hat mir Helmut Kohl mal so geschrieben. Und er hat recht: Jesus ist nie ungefährlich für konventionelle Politik. Die Bergpredigt enthält sogar politisches Dynamit.

Für mich jedenfalls waren Politik, Religion, Humanismus und psychische Entwicklung von nun an nicht mehr voneinander zu trennen. Es ist ein modernes Schisma, wenn sich Menschen aufspalten in fromm *oder* gescheit, in rational *oder* emotional, in theologisch *oder* philosophisch, in christlich fühlen *oder* materialistisch handeln, in spirituell *oder* technisch. Durch diese Aufspalterei verkommt Religion zu einer bürgerlichen saft- und kraftlosen Mittelstandsideologie ohne jede Chance zu einer wirklichen Umkehr der Herzen. Religion wird komplett privatisiert, wenn ich sie von Politik trenne.

Und ein solches Christentum hat auf ganz unchristliche Weise Angst vor Parteilichkeit und Verbindlichkeit, vor Anstößigkeit und Provokation. Die Gewaltfreiheit und Feindesliebe Jesu ist jedoch, ähnlich wie Gandhis Ahimsa-Konzept, nichts Passives, sondern etwas Aktives. Seine Bergpredigt ist ein Weg zur Selbsterkenntnis und zur Weltkenntnis. Allerdings: Bevor man versucht, seine Feinde zu lieben, sollte man erst mal versuchen, seine Freunde besser zu behandeln.

Bis zu dieser Einsicht war es ein weiter Weg. Aber je mehr ein Mensch sich Gott überlässt, desto weniger Ängste und Sorgen bleiben ihm in diesem Leben, in „dieser Wohnung". In der aramäischen Rückübersetzung der Bergpredigt fragt Jesus: „Warum seid ihr besorgt um die Nahrung? Betrachtet die Raben, die nicht säen und nicht ernten und nicht einlagern. Er, Abba, ernährt sie. Seid ihr nicht mehr wert als sie?" Weil auch die Freunde Jesu das alles so unglaublich fanden wie die meisten von uns, nennt er sie „vertrauensschwach". Tröstlich. Und so ist denn auch die Aufforderung „Habt doch mehr Vertrauen" eine der von Jesus meist gebrauchten Aufforderungen an seine Freundinnen und Freunde und an seine Mitarbeiter. Was uns einmal mehr bestätigt: Vertrauen entscheidet alles!

Das Himmelreich, von dem Jesus sprach, ist nichts Abstraktes, keinem Wunschdenken entsprungen, vielmehr ist es so real wie unser Planet, so real wie jeder Mitmensch, jede Blume und jeder Wurm, wie jeder Wald, jede Wolke und jeder Windstoß. Die Regeln allerdings, die in Jesu Himmel herrschen, die Himmelsphysik, lassen sich wahrscheinlich in zwei Worten zusammenfassen: bedingungslose Liebe. Die Liebe ist die Währung, mit der dort bezahlt wird. Einen Vorgeschmack auf diesen Zustand gaben uns Jesus und Buddha, aber auch Albert Schweitzer, Mahatma Gandhi und der Dalai Lama. Denn der Sinn unseres Hierseins ist wohl der, ein Kanal für diese himmlische Liebe zu sein oder zu werden. In jedem und jeder von uns steckt grenzenlose heilende Energie für eine bessere, eine himmlische Welt. Gleiches zieht Gleiches an und Gleiches versteht Gleiches. Deshalb empfiehlt Jesus, ihm nachzufolgen. Nachfolge heißt freilich nicht, Jesus zu kopieren, sondern ihn zu kapieren. Das bedeutet für uns Heutigen im Atomzeitalter: Entweder gibt es Frieden – oder es gibt überhaupt keine Zeit mehr. Schließlich ist die Erde immer noch ein atomares Pulverfass.

Die Antworten auf die Fragen eines gelingenden Lebens – warum, woher und wohin – liegen in uns selbst. Der US-Neurologe Eben Alexander äußerte nach seiner Nahtoderfahrung: „Wir sind Gottes großartige Experimente und seine Hoffnungsträger in einem Maß, das unser Vorstellungsvermögen weit übertrifft. Was gibt es Größeres, als sich als Kind Gottes zu erkennen?"

Über meine Traumtherapie und die Bücher von Carl Gustav Jung habe ich einen neuen Zugang zu Jesus von Nazareth und seinen zentralen Aussagen in der Bergpredigt gefunden. Meine Quelle ist Jesus, aber die Psychologie Jungs hat mir einen neuen, tiefenpsychologischen Zugang zu dieser Quelle verschafft. Insofern liege ich zwar bei Jung auf der Couch – im übertragenen Sinne, denn im Gegensatz zu Freud arbeitete Jung nicht mit der Couch, sondern von Angesicht zu Angesicht, was mir stets sympathischer und menschlicher schien –, höre aber auf Jesus.

Das aktuelle, 2000 Jahre alte Menschenbild der Bergpredigt ist ein Aufruf: Entscheidet euch *jetzt* gegen das Gesetz von Gewalt und Vergeltung für das Gesetz von Liebe und Vergebung. Bedenkt, dass ihr Menschen seid, und vergesst alles andere. Wir sind *eine* Menschheit und leben auf *einer* Erde. Arbeitet an der Überwindung des unmenschlichsten aller Dogmen: dass der Mensch unverbesserlich sei. Das Heil ist nicht weltlos und die Welt nicht heillos. Wenn wir mitarbeiten an der Heilung der Welt, dann werden wir erfahren und erleben, dass unser Leben einen tiefen Sinn hat und dass Frieden möglich ist. Doch erst wenn wir liebesfähig sind, werden wir friedensfähig. Jesus spricht zu Beginn seiner Bergpredigt in den Seligpreisungen in seiner Muttersprache aramäisch all diejenigen „selig" und „glückselig", die es in unserer Zeit scheinbar nicht sind:

„Wohl euch, ihr Armen!
Denn euch wird Gott reich machen lassen.
Wohl euch, ihr Hungernden!
Denn euch wird Gott satt machen lassen.
Wohl euch, ihr Trauernden!

Denn euch wird Gott froh machen lassen.
Wohl euch, wenn sie euch tadeln!
Denn ebenso taten ihre Vorfahren den Propheten.
Wehe euch, wenn sie euch loben!
Denn ebenso taten ihre Vorfahren den
Lügenpropheten.
Wenn sie euch hassen und tadeln
und euch in schlechten Ruf bringen –
freut euch und jubelt an jenen Tagen!
Denn seht! Groß ist euer Verdienst in den Himmeln."

Damit ist Jesus nicht der Begründer einer neuen Religion, sondern der Überwinder aller Religionen. Die Seligpreisungen der Bergpredigt können als Übungsweg zu einem gelingenden Leben verstanden werden, als Anleitung zu einem gesunden und glücklichen Leben. Der Bergprediger ermuntert uns, auf die vielen Möglichkeiten zu vertrauen, die in jedem von uns stecken. Jesus bei seinem ergreifenden Abschied von seinen Freunden: „Seid gewiss: Ich bin bei euch alle Tage bis zum Ende der Welt." Welch eine Botschaft der Hoffnung! Unsere Sehnsucht nach einem glücklichen Leben muss nicht ins Leere gehen – sie hat eine Basis in Jesu Bergpredigt: politisch, gesellschaftlich und persönlich. Jesus selbst hat seine Berglehre als Stufenweg zu Gott als dem Ziel unseres Lebens gesehen, als Stufenweg zum ewigen Glück.

Die großen Lebensmeister lehren uns, dass das Leben eine Kunst ist, die erlernen kann, wer die Weisheitslehrer befragt:

- Jesus entschied sich bewusst für den Tod, um ein überzeugendes Zeichen der Wahrheit und Klarheit für seine Botschaft zu setzen.
- Buddha lernte und lehrte, dass es möglich ist, in jeder Situation gelassen zu bleiben.
- Sokrates trank in aller Ruhe und bewusst seinen Becher Gift. Er wollte der Jugend Athens ein Vorbild an Furchtlosigkeit und Gelassenheit sein.
- Carl Gustav Jung achtete bis zu seinen letzten Tagen auf seine Träume und sah dem Tod gelassen und ruhig entgegen. Er starb inmitten der großen Traumbilder, die seine Seele erfüllten: Wenige Nächte vor seinem Tod hatte er im Traum auf einem hohen Sockel einen großen runden Stein mit der Aufschrift „Zum Zeichen Deiner Ganzheit und Einheit" gesehen. Von einem so köstlichen und tröstlichen Abschiedstraum kann man nur träumen. Übrigens hätte auf dem Stein auch „Zum Zeichen Deines gelungenen Lebens" stehen können.

Von C. G. Jung gelernt

Wie kaum ein anderer praktischer Denker des 21. Jahrhunderts gibt Jung umfassend Hinweise auf ein möglichst sinnerfülltes und gewinnbringendes Leben: privat und politisch, gesellschaftlich und religiös, ganzheitlich. Ihm verdanke ich die Erkenntnis und das Erleben der Wirklichkeit der Seele und der Existenz des Unbewussten. Die Freudsche Psychoanalyse ist überwiegend auf die Vergangenheit hin orientiert und sucht nach Mutter- und Vaterkomplexen. Sie ist eher die Psychologie der ersten Lebenshälfte, da retrospektiv. Die Analytische Psychologie Jungs hingegen ist in der Lebensmitte und der zweiten Lebenshälfte hilfreich, weil perspektivisch. Freud schaut eher zurück, Jung nach vorn.

Der Prozess unserer Individuation hat zwei Phasen: die Extraversion der ersten Lebenshälfte und die Introversion der zweiten. Das Ziel jeder Individuation ist die Entfaltung zum Selbst. Jung verweist uns auf die Schulen in uns: die individuellen seelischen Entwicklungen und die Religionen. Religion als Chance zur Befreiung und Erlösung, als Möglichkeit, die Seele zu entdecken, und nicht als Hilfe, das Seelische zu verdrängen. Religion als Dynamit und nicht als Opium. Und er zeigt auf, dass seelische Hornhaut seelisches Wachstum verhindert.

Durch Jung und in der Analyse bei Hanna Wolff wurde mir klar, dass die Kernfrage Jesu nicht *Was muss ich glauben?* lautet, sondern: *Was muss ich tun und wie muss ich leben?* Carl Gustav Jung: „Unter all meinen Patienten jenseits der Lebensmitte, das heißt jenseits 35, ist nicht ein einziger, dessen endgültiges Problem nicht das der religiösen Einstellung wäre. Ja, jeder krankt in letzter Linie daran, dass er das verloren hat, was lebendige Religionen ihren Gläubigen zu allen Zeiten gegeben haben, und keiner ist wirklich geheilt, der seine religiöse Einstellung nicht wieder erreicht, was mit Konfession oder Zugehörigkeit zu einer Kirche natürlich nichts zu tun hat."

Tatsache ist, dass es seit Beginn der erkennbaren Geschichte kein wichtigeres Thema für uns Menschen gab als Religion und Gott. Echte Religion besteht in erster Linie aus seelischen Erfahrungen, aus seelischen Tatsachen. Ob wir eine Religion für echt oder falsch halten, welche Meinung wir darüber haben, ist zweitrangig. Religion ist keine Frage von theologischer Spekulation, meint Jung, auch keine Frage von *Bekenntnis*, sondern eine Frage von *Erkenntnis*. Um religiöse Erfahrungen zu sammeln, braucht man die höchste Form des Mutes: Demut. Doch die Intelligenzija des 20. und 21. Jahrhunderts zieht die niedrigste Form des Mutes vor: den Hochmut. Der Hochmut ist es, der im Atomzeitalter den Glauben an die Bombe an die Stelle des früheren Gottesglaubens setzte. Als stark in der Weltpolitik gilt, wer die Atombombe besitzt und damit drohen kann. Diese Politik praktizieren in unserer Zeit der aktuelle Präsident der USA und der Präsident Russlands besonders brutal. Aber viele andere auch. Schon 1802 meinte Friedrich Hölderlin zu einer solchen Situation: „Wo aber Gefahr ist, wächst das Rettende auch." Die Obergauner dieser Welt wecken demnach immer auch die Gegenkräfte. Sie verkörpern oft eine Kraft, die Böses will und trotzdem Gutes schafft.

Alt hat bei Jung gelernt, dass Verstand und Gefühl zwar Gegensätze sind, aber zusammengehören. Ich lernte bei ihm, meinen eigenen Weg zu gehen und mich selbst besser zu verstehen. Den Kampf der Gegensätze muss jeder austragen. Früher hat die Theologie zu sehr die Vernunft verdächtigt. Heute verdächtigt eine rationalistisch gewordene Theologie zu sehr das Gefühl. Hier liegen die Ursachen unserer heutigen Schizophrenien. Doch das verhängnisvollste Schisma in der Geschichte des christlichen Abendlandes ist die Abspaltung der Moral und Religion von Politik und Wirtschaft. Deshalb gibt es Wirtschaftskrisen und durchgeknallten Finanzkapitalismus, für den Geld wie Porno ist.

Umkehr und Heilung aber können nur von innen kommen. Die großen Krisen zu Beginn des 21. Jahrhunderts – Klimakrise, Finanzkrise, Flüchtlingskrise, Sinnkrise, Armutskrise und Terrorismus – sind allesamt Psychokrisen. Die drohenden Katastrophen *um* uns sind Ausdruck der Katastrophen *in* uns. Viele Leute sind so arm, dass sie nur *Geld, Gold, Gier, mehr, mehr, mehr* im Kopf haben. Aber welchen Sinn hat es, als Reichster auf dem Friedhof zu landen?

Unsere Zeit ist geprägt von Technik und Ökonomie. Es ist grotesk, dass wir auf den Mond fliegen können, aber zugleich unfähig geworden sind, in uns hineinzuhören und auf die Signale zu achten, die wir von dort Nacht für Nacht über unsere Träume empfangen. Den großen materiellen und technischen Fortschritten der letzten 200 Jahre müssen die jetzt notwendigen inneren geistigen und psychischen Entwicklungsprozesse folgen. Ohne eine tiefere psychische Reife werden wir die drohenden ökologischen und politischen Gefahren nicht meistern können. Das heißt: Gefragt ist jetzt unsere Fähigkeit, das Leben zu lieben und die Liebe zu leben.

Gewaltfreiheit und Vertrauen sind die Grundlagen aller Religionen – theoretisch. Doch praktisch waren und sind pervertierte und teuflische Vorstellungen von Religion die entscheidenden Kriegstreiber der gesamten Menschheitsgeschichte: von den Kreuzzügen über den Dreißigjährigen Krieg bis zu den Konfessionskriegen in Nordirland und den islamistischen Terrorkriegen unserer Zeit. Wegen eines Taufbeckens in einer Kirche in Telgte wurde der Dreißigjährige Krieg um ein Jahr verlängert und forderte deshalb Zehntausende weitere Todesopfer. Wegen eines Taufbeckens! Ob es nun katholisch oder evangelisch war …

Im Mittelalter stritten Theologen um die weltbewegende Frage, wie viele Engel auf einer Nadelspitze Platz haben. Und noch heute streiten katholische Theologen darüber, ob evangelische Christen zur Kommunion zugelassen werden dürfen oder nicht. Wo und wann hat Jesus gesagt: Tut dies zu meinem Gedächtnis – getrennt nach Konfessionen?

Über sein dogmatisiertes Bodenpersonal kann der liebe Gott eigentlich nur verzweifeln. Deshalb sagte der Dalai Lama als Religionsführer am Tag nach den islamistisch motivierten Terroranschlägen in Paris auf die Redakteure des Satiremagazins „Charlie Hebdo" im Januar 2015 folgenden starken Satz:

„An manchen Tagen denke ich, dass es besser wäre, wenn es gar keine Religionen mehr gäbe. Alle Religionen und alle Heiligen Schriften bergen ein Gewaltpotenzial in sich. Deshalb brauchen wir dringend eine säkulare Ethik jenseits aller klassischen Religionen."

Endlich hatte ein prominenter Religionsführer ausgesprochen, was Millionen humanistisch orientierter Menschen schon lange denken. Welch eine Befreiung! Eine geistige Revolution! Das Buch, das wir gemeinsam dazu geschrieben haben, war nach drei Tagen ein Spiegel-Bestseller. Und blieb es über achtzig Wochen.

In der Schule des Dalai Lama

Es wird viele Leser überraschen, wenn ich jetzt schreibe, dass auch mein nächster Lehrer nicht als Glückskind geboren wurde. Einer der im doppelten Sinn ältesten Flüchtlinge der Welt – er ist seit 58 Jahren im Exil und inzwischen 82 Jahre alt – ist heute bei allen Umfragen weltweit der „sympathischste Mensch unserer Zeit". Wie kein anderer Prominenter steht er für Frieden, Toleranz und Hoffnung. Aber kaum jemand denkt daran, dass dieser glückliche und empathische Mönch weit mehr als zwei Drittel seines Lebens im Exil verbracht hat. Dennoch hegt er keinen Hass gegenüber den chinesischen Besatzern seiner Heimat Tibet.

In den letzten 35 Jahren sind wir uns 33 Mal begegnet. 15 Fernsehinterviews habe ich mit ihm geführt, mehrere Bücher haben wir zusammen geschrieben. Und noch nie habe ich einen Gesprächspartner so humorvoll und zugleich so besorgt um seine Heimat erlebt wie ihn. Aus Protest gegen die chinesische Besatzung haben sich in den letzten fünf Jahren 145 Menschen, meist Mönche, auf dem Dach der Welt verbrannt. Doch die Welt nahm nur wenig Notiz davon. Die Geschäfte mit China sind den Regierenden wichtiger als das Leiden der Tibeter. Dennoch strahlt der Dalai Lama eine Freude aus, die durch nichts zu erschüttern ist. Einst habe ich ihn bei sehr schlechten Nachrichten aus Tibet gefragt, warum ihn nichts, aber auch gar nichts aus der Ruhe bringen könne. Seine Antwort: „Warum soll ich mich aufregen? Dann muss sich mich ja wieder abregen, und das ist mir viel zu anstrengend". Und dann lacht er wieder sein weltweit bekanntes, gurgelndes Dalai-Lama-Lachen.

Was ist das Geheimnis dieser Ruhe und Gelassenheit? Der Mann steht jeden Morgen um drei Uhr auf, meditiert vier Stunden, frühstückt um sieben Uhr und beginnt danach seinen Arbeitstag. Es sind seine innere Gelassenheit und gelassene Freude, die seinem Dasein Liebe und Sinn verleihen. Durch Reichtum und Ruhm, lehrt er, seien Glück und Freude nicht zu erlangen, sondern nur in Geist und Herzen des Menschen: „Mitgefühl macht uns glücklich, innerlich reich und frei".

Straßburg, im Sommer 2016: An vier Tagen kommen zweimal je 10 000 Menschen zu seinen Vorträgen. Er spricht jeweils drei Stunden. Ohne Manuskript. Seine Herzensthemen: Bildung, Gleichberechtigung von Mann und Frau, Dialog und Versöhnung. Jede Rede des Dalai Lama ist eine Mut-Rede: Wie können wir Wut und Hass überwinden? Wie entsteht Leid? Wie können wir Liebe und Mitgefühl entwickeln? Wie können wir mit Schmerz und Verletzungen umgehen? Ein Thema, das ihn in den letzten Jahren verstärkt beschäftigt: die Rolle der Gewalt in den Religionen. „Ethik ist wichtiger als Religion", sagt er. „Wir kommen nicht als Mitglied einer bestimmten Religion auf die Welt. Ethik ist uns angeboren, nicht aber Religion. Zu religiösen Menschen werden wir gemacht." Albert Schweitzer nannte dasselbe Anliegen „Ehrfurcht vor allem Leben". Beim Mittagessen in Straßburg schiebt der Dalai Lama mir seinen süßen Nachtisch zu und sagt: „Lieber Freund, bitte essen Sie das." „Warum?", frage ich zurück, „Sie essen doch sonst immer Süßes." „Das ist genau mein Problem", meint er. „Ich esse so viele Süßigkeiten, dass ich allmählich befürchte, als Biene wiedergeboren zu werden." Zu solchem Humor meinte Martin Luther: „Wer immer und überall lachen kann, der ist ein wahrer Doktor der Theologie."

Die säkulare Ethik des Dalai Lama sprengt nationale, religiöse und kulturelle Grenzen und skizziert Werte, die allen Menschen angeboren und die allgemein verbindlich sind. Werte wie Achtsamkeit, Mitgefühl, Toleranz, Geistesschulung sowie das Streben nach Glück. Eine der zentralen Anliegen des Dalai Lama: In unserem Streben nach Glück und dem Wunsch, Leid zu vermeiden, sind alle Menschen gleich. Daraus resultieren die größten Errungenschaften der Menschheit. Deshalb sollten wir anfangen, auf der Grundlage einer Identität zu denken, die in den Worten „Wir Menschen" wurzelt. Bei seinen Vorträgen fordert er die Einführung eines Ethik-Unterrichts in Schulen, in dem die Weisheiten und Erkenntnisse *aller* Religionen gelehrt werden. Warum? „Weil zum Überleben der Menschheit das Bewusstsein des Gemeinsamen viel wichtiger ist als das ständige Hervorheben des Trennenden." Kriege im Nahen Osten und in der Ukraine, in Nordafrika und Somalia, sechzig Millionen Flüchtlinge weltweit, Bürgerkriege in Nigeria und in Afghanistan, Klimawandel und Umweltkrise, globale Finanzkrise und Welthunger: Der Dalai Lama meint, dass wir all diese Probleme ohne eine säkulare Ethik nicht lösen können. Eine Ethik auf der Höhe unserer Zeit müsse auch für Atheisten und für Agnostiker attraktiv sein. Was er vorschlägt, ist eine Revolution der Empathie und des Mitgefühls. Eine Revolution aller bisherigen Revolutionen.

Konsequent hält der Friedensnobelpreisträger an seiner Politik der Gewaltfreiheit fest – trotz aller Gewalt gegen sein eigenes Volk. Der tibetische Buddhismus sei „ein Schatz für die ganze Welt", so der Dalai Lama, weil er auf wissenschaftliche Art Gewaltfreiheit begründe und auf Mitgefühl und Versöhnung setze.

Nach sechzig Jahren einer scheinbar erfolglosen Politik der Gewaltfreiheit rebellieren nun aber viele junge Tibeter gegen den Dalai Lama. „Was machen Sie, wenn das tibetische Volk Ihrer Friedenspolitik nicht mehr folgt?", frage ich ihn. „Dann", sagt er nach einigem Nachdenken, „werde ich auch als religiöser Führer der Tibeter zurücktreten." Als politischer Führer trat er schon 2011 zurück – freiwillig. Wann gab es das schon mal? Seine Autorität in seinem Volk jedoch ist dadurch eher gestiegen.

Er fühlt und gibt sich als einfacher Mönch. Es ist immer wieder gespenstisch zu sehen, welch eine Angst die neue Weltmacht China, hochgerüstet mit Panzern und Raketen mit Atomwaffen und vier Millionen Soldaten, vor diesem Mönch und seiner Philosophie der Gewaltfreiheit hat. Dabei hat dieser durchaus Respekt vor seinen Feinden und lebt praktizierte Feindesliebe. „Ich kenne keine Feinde", sagte er mir einmal, „es gibt nur Menschen, die ich noch nicht kennengelernt habe."

Auf die Frage „Was ist Liebe?", meint der Dalai Lama ganz einfach: „Das, was ich von meiner Mutter gelernt habe." 16 Kinder hatte sie geboren, sieben überlebten. Seine Eltern waren Analphabeten. Für den Dalai Lama ist Liebe die Quelle allen Glücks: „Unser Herz weist den Weg. Liebe ist die Grundlage unserer Existenz. Die Kunst des Liebens kann jede und jeder lernen."

Für den Papst des Ostens sind diese Erkenntnisse keine theologischen oder philosophischen Spekulationen, sondern wissenschaftlich beweisbar und bewiesen. Nur deshalb konnte er schon vor dreißig Jahren das Buch „Logik der Liebe" schreiben. Diesen Titel würde kaum ein christlicher Würdenträger so formulieren. Religion, meint der Dalai Lama, brauche keine Tempel und keine komplizierte Philosophie. Der eigene Geist und das eigene Herz seien die wahren Tempel. Und die Philosophie heiße: Güte, Freundlichkeit, Mitgefühl und Achtsamkeit. Vielleicht wird es einmal als seine größte

Leistung erkannt, dass ein Bauernsohn aus einem kleinen Dorf im Himalaya eine feudal-archaische Religion mit der Naturwissenschaft des 20. und 21. Jahrhunderts versöhnt hat. Eines ist sicher: Solange der Dalai Lama lebt, lebt der Traum von einer Welt ohne Krieg, ohne Naturzerstörung und ohne Ausbeutung. Er ist davon überzeugt: „Probleme, die von Menschen gemacht sind, können auch von Menschen gelöst werden."

In seiner Schule kann man lernen, wie es gelingt, Egoismus zu überwinden, Liebe zu vertiefen und in unseren Beziehungen zu erweitern. Liebe ist das notwendige Gegengewicht zum Unglück in der Welt.

Mein Vorbild: Hermann Scheer

Meinen Freund Hermann Scheer habe ich Anfang der Achtzigerjahre in Italien kennengelernt. Wir sprachen vor 15 000 Besuchern auf einer Veranstaltung der italienischen Friedensbewegung in der Arena von Verona. Er redete über den Zusammenhang von Friedenspolitik und Energiepolitik. Dieser Zusammenhang war damals neu für mich, aber sehr einsichtig.

Hermann Scheer war der erste und erfolgreichste Solarpolitiker der Welt. Ohne ihn als Bundestagsabgeordneten gäbe es das Erneuerbare-Energien-Gesetz nicht – und ohne dieses Gesetz nicht den Erfolg der deutschen Energiewende. Hermann Scheer ist der lebende Beweis dafür, was *ein* Mensch erreichen kann, wenn er konsequent und unbeirrbar seinen Weg geht. In Kalifornien wurde er durch seine Bücher und Vorträge beinahe zum Volkshelden. Arnold Schwarzenegger und Robert F. Kennedy Jr. nannten ihn „My hero". Das Time Magazine erklärte ihn zum „Hero for the Green Century". Millionen Menschen auf der ganzen Welt hat der linke Sozialdemokrat parteiübergreifend mit seinem Traum von einer besseren solaren Welt infiziert – auch mich als eher konservativen Christdemokraten. Wie er war ich davon überzeugt, dass die Energiezukunft nicht mehr wenigen großen Energiekonzernen, sondern Millionen Handwerkern, Bauern, Mittelständlern, Genossenschaftlern, Stadtwerken und Hausbesitzern gehören wird, und dass die Energie der Zukunft in allen Regionen der Welt aus den Regionen selbst kommen wird: über die Sonne, den Wind, die Bioenergie, die Wasserkraft, die Erdwärme, die Wellen- und Strömungsenergie der Ozeane.

Hermann Scheer war ein Urdemokrat und ein Homo creativus. Sein letztes Buch, erschienen Ende September 2010, nur wenige Tage vor seinem Tod, hieß: „Der energethische Imperativ". Energethisch mit th. Ein neues Wort für die Energiewende als ethische Herausforderung. Dieses Buch haben wir der Öffentlichkeit zusammen vorgestellt. Dabei hat er in mein Exemplar geschrieben: „Franz, der Kampf geht weiter." Hermann

Scheer ist ein großes Vorbild: Mit seiner ganzen Kraft kämpfte er für die nachfolgenden Generationen.

Bei unserem letzten Spaziergang im Schwarzwald sagte mir der Agnostiker Scheer: „Ich spüre, dass es der Geist ist, der mich trägt. Er trägt weit." Und wie heißt es doch im Johannes-Evangelium? „Gott ist Geist." Die Physik weiß schon lange, dass Energie nicht verloren geht. Und Hermann Scheer hat in seinen Büchern immer wieder daran erinnert. Energie wird lediglich umgewandelt. Also existieren wir weiter. Wir wissen freilich nicht wie. Tod und Geburt aber sind nur Übergänge. Es bleibt spannend ... Und Hermann Scheers Vision lebt. Denn unser Weltbild entspricht nur dann der Wirklichkeit, wenn auch das heute noch Unwahrscheinliche darin Platz hat.

Für alle, die sich um die Zukunft sorgen, aber nicht verzweifeln wollen, war Hermann Scheer der große Antreiber. Sein Mut war die größte Ressource dieses Ausnahmepolitikers.

PERSÖNLICHE ERFAHRUNGEN UND PRAKTISCHE TIPPS

Wenn Leben gelingen soll, so sollten wir …

- uns jeden Tag an der Schönheit, Weisheit und Kreativität der Natur erfreuen.
- Körper, Geist und Seele als eine Einheit verstehen und dadurch körperlich, geistig und seelisch beweglich und lernfähig bleiben.
- uns öffnen für die uns umgebende geistige Welt.
- mithelfen, dass unsere Böden wieder gesunden, unser Wasser sauber und die Luft wieder rein wird, dass unsere Energie erneuerbar bleibt.
- die Liebe zu uns selbst, zu unseren Nächsten, zu allen Lebewesen und zu Gott als Voraussetzung für ein gelingendes Leben erkennen. Das ist praktische und hilfreiche Liebesarbeit. Denn wie es in einem Kinderlied von Detlev Jöcker heißt: „Dort, wo wir uns gut verstehen, kann man Gottes Liebe sehen."
- mehr mit dem Partner reden. Paartherapeuten haben herausgefunden, dass deutsche Paare am Tag durchschnittlich nur sieben Minuten miteinander

reden. Zu einer gelingenden Partnerschaft gehöre aber, dass Partner mindestens vierzig Minuten täglich kommunizieren. Meine Frau und ich können diesen Befund bestätigen. Wenn wir uns mehrere Tage nicht gesehen haben, spüren wir Nachholbedarf an Kommunikation.

- am Zeitgeschehen interessiert bleiben. Jede Zeit ist anders, aber gleich wertvoll und spannend.

- keine Angst vor Veränderung haben. Sie ist das, was die Natur lebendig und evolutionär hält und uns Menschen schuf. Diese Kraft der Veränderung meint nicht nationalistischen Rückzug, sondern europäische und globale Offenheit und Kooperation. In Politik, Wirtschaft, Wissenschaft, in der Gemeinschaft und im Privatleben benötigen wir Schritte vom Sein zum Werden, sonst herrschen Stillstand und Rückschritt.

- in jeder Altersstufe ein Ja zur neuen Zeit finden.

- achtsam essen: kein Abendessen nach 19 Uhr, wenig Zucker, Fett und Salz – und uns bis ins hohe Alter täglich dreißig bis vierzig Minuten bewegen. Die Wissenschaft sagt uns: Besser essen heißt einfach essen. Weit mehr Menschen sterben durch Coca-Cola als durch al-Qaida.

- täglich meditieren und/oder beten und acht Stunden schlafen. Mindestens. Denn Schlafforscher schlagen schon lange Alarm: Die Deutschen schlafen zu wenig und zu schlecht; achtzig Prozent der Arbeitnehmer leiden unter Schlafstörungen. Der Regensburger Schlafforscher Jürgen Zulley: „Fehlender Schlaf macht dick, dumm und krank." Und: Schlaf ist die Quelle seelischer Kraft. Für mich ist jeder Schlaf ein Heilschlaf.

- verstehen, dass das wichtigste Gebet der Menschheit aus einem einzigen Wort besteht: Danke.

- beherzigen, dass Gott für jede und jeden von uns rund um die Uhr Sprechstunde hat. Sein Laden ist immer offen. Der Himmel kennt kein Ladenschlussgesetz.

- andere so behandeln, wie wir von ihnen behandelt werden möchten.

- wissen, dass es nicht genügt, Wissen zu besitzen, entscheidend ist, dass wir es anwenden. Weise ist nicht der, der viel weiß, sondern der, der weiß, dass er nicht viel weiß.

- in allem das richtige Maß finden und das Glück im Inneren suchen.

- nach einem Streit gemeinsam lachen und uns erzählen, wie es uns während des Streits erging.

- lernen, auf unsere Träume zu achten. Damit setzen wir einen dynamischen Prozess der Selbsterkenntnis in Gang.

- viel lachen und Witze erzählen. Wer sie leicht vergisst, sollte sie in einem Witze-Buch notieren. Schon

Sigmund Freud wusste, dass es so etwas wie Erlösung durch Humor gibt. Lachen sei ein „Phänomen der Abfuhr seelischer Erregung". Witze über Dinge oder Personen, die uns wie Trump oder Erdoğan fassungslos machen, sind gut für unsere Psychohygiene. Ich habe oft kleine Zaubertricks bei mir. Früher habe ich als Francesco Altini mein Studium (und mehr) durch öffentliche Zaubershows finanziert. Ein wenig kann das jeder aus Zauberbüchern lernen.

- aus Fehlern lernen, dann bekommt unser Leben neuen Schwung und wir haben Freude am Gelingen.
- gelassener mit der Endlichkeit des Lebens umgehen. Seneca hat empfohlen, ein Leben lang das Sterben zu lernen, zum Beispiel, indem man sich bewusst macht, dass jeder Schlaf ein kleiner Tod ist.

Wir sterben, wie wir gelebt haben, habe ich den Dalai Lama bereits am Anfang des Buchs zitiert. Das Geheimnis eines gelingenden Lebens und eines entspannten Todes ist die Liebe. Sie ist das Göttlichste an Gott und das Menschlichste an uns Menschen. Liebe ist jedem Menschen angeboren.

Der Gott Jesu ist kein Buchhalter der Moral, sondern ein Liebhaber des Lebens. Jeder Vogel und jeder Fisch, jedes Kind und jedes Kätzchen, jeder Baum und jede Blume bezeugen seine Lebensfreude und Lebenslust. Wer dieses wundervolle und vielfältig bunte Leben und dieses unendliche Universum mit Milliarden Sonnensystemen erträumt und erschafft, ist ein göttlicher Künstler mit einer unvorstellbaren Fantasie und einer unbegrenzten schöpferischen Sehnsucht.

Jeder Mensch sehnt sich nach Liebe, Glück und Geborgenheit, das heißt nach einem sinnvollen Leben. Jedes menschliche Herz ist von Sehnsucht erfüllt. Aus dieser allumfassenden Umarmung Gottes können wir niemals herausfallen. Wir fallen nie tiefer als in Gottes Hände. Hoffnung auf Veränderung und Verbesserung besteht selbst unter der härtesten Oberfläche. Sie wird genährt von der unendlichen und göttlichen Sehnsucht nach Liebe und Frieden. Wir alle sind Kinder dieser göttlichen Sehnsucht. Und wir sind letztlich zu Hause im Mutterschoß Gottes.

Nahtoderfahrene, aber auch Mönche und Nonnen mit langer Meditationstradition berichten davon, dass unser individuelles Bewusstsein Teil eines viel größeren universellen Bewusstseins ist. Je mehr Menschen von diesem Wissen und dieser Erfahrung ergriffen werden, desto eher wird die Menschheit in die wohl großartigste Phase ihrer Geschichte eintreten. Wir erleben dann eine Vertiefung der Weisheit, eine Verbindung von Wissenschaft und Spiritualität und einen Ausgleich der wichtigsten Auffassungen unseres Daseins. Die Antworten auf alle zentralen Fragen liegen in uns.

Unser jetziges Leben ist nur ein kleiner Abschnitt einer viel größeren Geschichte. Unsere unsterbliche Seele ist Teil der spirituellen Entwicklung des Universums. Die Weisheit des Lebens verneigt sich vor dem Geheimnis des Seins aller Dinge. Sie ist offen für das Ganze und das Unendliche und kritisch gegenüber sich selbst. Also: Wer ist glücklich? Wohl diejenigen, die dankbar zurück oder hoffnungsfroh nach vorn schauen können, so der Benediktinerpater Anselm Grün in seinem wunderbaren Buch „Glückseligkeit".

Und jetzt werde ich meinen Traum der letzten Nacht aufschreiben. Heute früh, kurz vor dem Aufwachen, hörte ich im Traum einen Kinderchor singen: „Sei glücklich an jedem Tag." Anschließend werde ich spazieren gehen. Vielleicht begegnen wir uns ...

Ich wünsche Ihnen jedenfalls Raum für die Träume Ihrer Seele. Verträumen wir nicht unser Leben, sondern leben wir unsere Träume.

Wir können in Verbindung bleiben:
www.sonnenseite.com
Oder: franzalt@sonnenseite.com

LITERATURVERZEICHNIS

Dr. med. Eben Alexander: Vermessung der Ewigkeit. 7 fundamentale Erkenntnisse über das Leben nach dem Tod. München, 2015

Franz Alt: Die 100 wichtigsten Worte Jesu. Wie er sie wirklich gesagt hat. Gütersloh, 2016

Franz Alt: Was Jesus wirklich gesagt hat. Eine Auferweckung. Gütersloh, 2015

Franz Alt (Hrsg.): C. G. Jung. Vater, Mutter und Kind. Freiburg i. Br., 2002

Franz Alt (Hrsg.): C. G. Jung. Von Leiden und Heilen. Freiburg i. Br., 1991

Franz Alt: Jesus – der erste neue Mann. München, 1991

Franz Alt (Hrsg.): C. G. Jung. Von Traum und Selbsterkenntnis. Freiburg i. Br., 1989

Franz Alt (Hrsg.): C. G. Jung. Von Religion und Christentum. Freiburg i. Br., 1987

Franz Alt (Hrsg.): Das C. G. Jung Lesebuch. Freiburg i. Br., 1983

Clemens Arvay: Der Biophilia-Effekt. Heilung aus dem Wald. Wien, 2015

Uwe Böschemeyer: Wie Sie beim Altern ganz sicher scheitern. Salzburg, 2017

Stefan Brunnhuber: Die Kunst der Transformation. Wie wir lernen, die Welt zu verändern. München, 2016

Dalai Lama und Franz Alt: Ethik ist wichtiger als Religion. Salzburg, 2015

Michail Gorbatschow und Franz Alt: Kommt endlich zur Vernunft – nie wieder Krieg!. Salzburg, 2017

Anselm Grün: Glückseligkeit. Der achtfache Weg zum gelingenden Leben. Freiburg i. Br., 2007

Rick Hanson: Denken wie ein Buddha. Gelassenheit und innere Stärke durch Achtsamkeit. München, 2013

Thomas Hohensee und Renate Georgy: Der Tod ist besser als sein Ruf. Von einem gelassenen Umgang mit der eigenen Endlichkeit. Salzburg, 2017

Pim van Lommel: Endloses Bewusstsein. Neue medizinische Fakten zur Nahtoderfahrung. München, 2007

John O'Donohue: Echo der Seele. Von der Sehnsucht nach Geborgenheit. München, 1999

Fidelis Ruppert: Älter werden – weiterwachsen. Münsterschwarzach, 2013

Hermann Scheer: Der energethische Imperativ. Wie der vollständige Wechsel zu erneuerbaren Energien zu realisieren ist. München, 2010

FRANZ ALT

Der 1938 geborene promovierte Politikwissenschaftler und Theologe, Journalist und Bestsellerautor, ehemalige Moderator der Magazine „Report", „Querdenker" und „Grenzenlos" sowie einstige Leiter der Redaktion „Zeitsprung" im SWR ist auch im Alter noch voller Tatendrang. Als einer der prominentesten Philosophen der Gegenwart hält er weltweit Vorträge, schreibt für Magazine und seine Homepage www.sonnenseite.com und berät Konzerne und Regierungen.

Franz Alt mit ca. drei Jahren
vor seinem Elternhaus in
Untergrombach/Bruchsal

Gleich
weiterlesen!

**Denkanstöße
für ein Leben in
innerer Freiheit**

**Michael Bordt SJ
Die Kunst sich selbst
auszuhalten**
€ [D] 8,99
ISBN 978-3-89883-388-2